FRITZ BARRAN

HOCHSITZE · FÜTTERUNGEN UND HUNDEZWINGER

Eine Anleitung für den Selbstbau kleinerer jagdlicher Bauten und Anlagen

Fünfte, neubearbeitete Auflage

Mit 78 Abbildungen im Text und auf Tafeln

VERLAG PAUL PAREY · HAMBURG UND BERLIN

Titel der 1. Auflage: Jagdhütten und Hochsitze; Titel der 2. Auflage: Jagdhütten, Hochsitze und Fütterungen; Titel der 3. Auflage unter Aufteilung in zwei selbständige Veröffentlichungen: A. Hochsitze, Fütterungen, Silos und Suhlen, B. Jagdhütten; Titel der 4. Auflage: 1. Hochsitze, Fütterungen und Hundezwinger, 2. Jagdhütten.

CIP-Kurztitelaufnahme der Deutschen Bibliothek
Barran, Fritz
Hochsitze, Fütterungen und Hundezwinger : e. Anleitung für d. Selbstbau kleinerer jagdl. Bauten u. Anlagen. – 5., neubearb. Aufl. – Hamburg, Berlin : Parey, 1978.
ISBN 3-490-00612-7

ISBN 3-490 00612-7

 Anschriften: Spitalerstraße 12, 2000 Hamburg 1; Lindenstraße 44–47, 1000 Berlin 61. Printed in Germany by Westholsteinische Verlagsdruckerei Boyens & Co., Heide in Holstein. Umschlaggestaltung: Liane Müller, Hamburg.

VORWORT

Die bisherigen Ausgaben von „Hochsitze und Fütterungen“ haben so viel Zustimmung in der jagdlichen Praxis gefunden, daß aus dieser Basis heraus sich immer mehr Anregungen entwickelt haben.

So wurde die vierte Auflage dieses Buches um das Kapitel „Hundezwinger“ erweitert, um damit dem Jäger eine möglichst umfassende Anleitung über die sogenannten kleineren Bauten im Revier zur Verfügung zu stellen.

Außer dieser Erweiterung wurden auch die bisherigen technischen Anleitungen durch neue instruktive Zeichnungen und durch klare textliche Zusätze verbessert. Auf die Unfallverhütung wurde besonders eingegangen.

Die fünfte Auflage ist überarbeitet und in einigen Punkten ergänzt worden. Einige Abbildungen wurden verbessert, einige hinzugefügt.

So ist nun von Auflage zu Auflage ein praktisches Buch für diese Reviereinrichtungen entstanden, das nahezu alle Wünsche erfüllt. Auch der erfahrene Jäger soll in diesem Buch nicht nur neue technische Anleitungen finden, sondern mit seiner Hilfe bestehende Bauten evtl. noch verbessern können.

FRITZ BARRAN

INHALT

HOCHSITZE

FÜTTERUNGEN

HOCHSITZE

Ein erfahrener Jäger wird nicht ständig in Feld und Wald herumpürschen und das Wild in seinen Tageseinständen stören und es damit gar aus diesen oder aus dem Revier vertreiben. Wenn er seinen Wildbestand beurteilen und sich daran erfreuen will, wird er an geeigneten Stellen einen *Schirmschutz* herstellen. Dieser deckunggebende Schutz ist z. B. eine zurechtgeschnittene dichte Hecke oder Baumgruppe von etwa 2,00 m Höhe mit oben ausgeschnittenen Schlitzen, so daß ein etwa zinnenartiger Abschluß entsteht. Ein Sitzbock sollte nicht vergessen werden. Einen Sichtschutz, auch Ansitzschirm genannt, kann man sich auch aus einigen Pfosten und Ästen, die mit den Pfosten verflochten werden, leicht herstellen. Ähnliche Schirme dienen auch zur Herrichtung von Ständen für Drück- und Treibjagden im Walde. Wenn die Schützen darin stehend schießen, sollten die Schirme nur so hoch sein, daß das schwingende Zielen über der Oberkante des Schirmes ohne Behinderung möglich ist; der Schirm darf dann nicht höher als etwa 1,30 m sein. Zur Beobachtung anwechselnden Wildes wird man in Augenhöhe des sitzenden Schützen noch Sichtluken vorsehen.

Einen regengeschützten Sichtschutz kann der Jäger sich herstellen, indem er sich einen überdachten Bretterkasten mit Tür, Sichtöffnungen und einer Sitzbank baut und am Beobachtungsort auf den Boden stellt. Es können auch vier Pfähle in den Boden gerammt und mit Brettern verkleidet werden. Dieser *Tiefsitz* sollte ca. 1,00/1,20 m im Geviert und etwa 1,90 m hoch sein, damit man darin auch stehen kann. In den Revieren der norddeutschen Ebene sind derartige Hütten auch mit Rädern versehen, um sie leicht an den gewünschten Ort transportieren zu können. Schirmschutz und Tiefsitz haben den Nachteil, daß küselnder oder umspringender Wind den Ansitz verderben kann.

Weitgehend unabhängig von der jeweiligen Windrichtung macht den Jäger ein hoch genug angelegter *Hochsitz*. Der Wind trägt seine Witterung in höhere Luftschichten, die über dem Wild hinwegziehen, davon. Ein weiterer Vorteil besteht darin, daß von hier oben bei einigermaßen sichtigem Gelände bessere Beobachtungs- und Schußmöglichkeiten vorhanden sind. Auch ist die Mückenplage geringer als in Bodennähe.

Ein Hochsitz kann verschiedenen Zwecken dienen. Sie bestimmen seine Lage und Höhe, die gemäß den örtlichen Gegebenheiten festgelegt werden.

An Wildäckern, Suhlen und Salzlecken dient er lediglich der Beobachtung. Soll der Hochsitz neben der Beobachtung auch dem Erlegen von Wild dienen, steht er gewöhnlich gedeckt an bekannten Wechseln, am Waldrand, an einer Schneise, vor einer Dickung oder Blöße, also an Stellen, an denen das Wild häufig austritt und die dem Jäger genügend Überblick, gutes Schußfeld und möglichst langes Büchsenlicht geben. Störende Äste und Zweige benachbarter Bäume werden, ohne daß die Deckung genommen wird, soweit notwendig beseitigt, damit nach den vorgesehenen Seiten gutes Sicht- und Schußfeld entsteht. Laubbäume sind als Deckung ungünstiger als Nadelbäume, da sie im Winter blattlos dastehen und dann nicht genügend Deckung bieten.

Der *offene Hochsitz* sollte immer eine höhere Rückwand haben, oder es müßte dem ansitzenden Jäger je nach Art der umgebenden Bäume wenigstens an einer Seite mit Ästen Deckung gegeben werden. Der Jäger auf dem Hochsitz kann nicht lange Zeit hindurch so still sitzen, daß unbemerkt anwechselndes Wild nicht wahrnähme, wie sein Kopf oder gar Oberkörper sich bewegt. Im Dunkel der Rückwand oder der Tarnäste kann das Wild den Jäger nicht so genau ausmachen. So mancher Ansitz ist durch fehlende Deckung auf dem Hochsitz verdorben worden. Oft sind Hochsitze fälschlich mitten auf einer deckungslosen freien Fläche angelegt. Es ist schwer, sie zu besteigen, ohne das Wild zu stören oder allmählich zu vergrämen.

Der Zugang mit der Aufstiegleiter muß geschützt auf der dem Wild in der Regel abgewandten Seite liegen, so daß der Jäger den Sitz ungesehen vom Wild erreichen und verlassen kann. Der Pürschweg zum Hochsitz ist stets sauberzuhalten, sonst erfüllt er seinen Zweck nicht.

Ein Hochsitz sollte nach Möglichkeit niemals in einen Baum hineingebaut oder fest mit ihm verbunden werden. Denn selbst die stärksten Bäume bewegen sich im Wind, und ein darin eingebauter Sitz würde sich mit der Zeit lockern und bei der Bewegung des Baumes unerwünschte Geräusche verursachen. Auch durch den Stammzuwachs würden Spannungen und Verzerrungen der Hochsitzkonstruktion entstehen, die schließlich die Sicherheit des Benutzers gefährden. Außerdem kann der Jäger vom im Wind schwankenden Stand nur schlecht beobachten und sehr unsicher schießen.

Wird ein Hochsitz in Verbindung mit einer günstig stehenden Baumgruppe gemäß Abbildung 1 gebaut, werden die Querhölzer nicht etwa festgeschraubt oder genagelt, sondern nur an einem Ende mit starkem verzinktem Eisendraht an die Bäume gebunden (s. Abb. 2). Das andere Ende liegt lose auf dem befestigten Ende des zweiten Querholzes. Die Traghölzer des Fußbodens werden ebenso nur an einer Seite angenagelt, damit dieser sich mit den Querhölzern bewegen kann und keine Spannungen auftreten. Allerdings dürfte diese Konstruktion durch das Aneinanderreiben der tragenden Hölzer bei Belastung quietschende Geräusche verursachen. Zudem ist nicht auszuschließen, daß durch die Beschädigung der Rinde die Holzqualität leidet, Faulstellen auftreten oder die Bäume gar durch das Abschnüren der Rinde allmählich eingehen. Wegen Zunahme des Stammumfanges der lebenden Bäume kann eine solche Konstruktion auch nur von begrenzter Dauer sein.

Abb. 1. Hochsitz in einer Baumgruppe

Je nach der Geländeart wird ein Hochsitz zwischen 3,00 und 8,00 m hoch angelegt (s. Abb. 3), in der Ebene höher als im Gebirge. Je höher das Bauwerk wird, um so stärker müssen die Stehstangen und Verstrebungen sein. Da ein Hochsitz häufig benutzt wird und damit eine Dauereinrichtung darstellt, dürfen für seinen Bau nur gesunde entrindete Nadelholzstangen gewählt werden. Am besten ist Lärchenholz, da es sehr haltbar ist. Sämtliches Holzwerk sollte ausreichend konserviert werden.

Abb. 2. Anbringung der Querriegel mit Eisendraht

Die starken Stehstangen von 10 bis 15 cm Durchmesser (in der Mitte der Stange gemessen) müssen je nach Bodenart etwa 50 bis 80 cm tief eingegraben werden. Sie erhalten Neigung nach innen, und zwar so viel, daß bei hohen Sitzen bei einem Kanzelboden von 1,00 × 1,00 m die Abstände der Stehstangenfüße das Doppelte, also 2,00 × 2,00 m im Geviert betragen.

Werden die Eckstangen der Hochsitze z. B. bei Felsboden nicht eingegraben, so müssen sie noch weiter auseinanderstehen. Sie werden evtl. auf große lagerhafte Steine oder Schwellenhölzer aufgesetzt und müssen in jedem Falle gut verstrebt sein. Als Streben werden Stangen oder Halbhölzer verwendet.

Bei dieser Gelegenheit ein paar Worte zur *Holzkonservierung.* Im Freien verbautes rohes und nicht ganz trockenes Holz wird im wesentlichen durch Pilzbefall schnell schadhaft oder gar zerstört (man sagt im Volksmund „es fault"). Dieser Abbau erfolgt besonders dort, wo das Holz wechselfeucht ist, denn dann sind die besten Wuchs- und Vermehrungsvoraussetzungen für holzzerstörende Pilze gegeben. Wechselfeuchte Zonen sind z. B. dort, wo das Holz den stets mehr oder weniger feuchten Erdboden berührt. Diese Zonen an Pfählen, Balken, Latten und Brettern muß man bevorzugt schützen. Dazu reicht ein oberflächiger Anstrich mit Teeröl genausowenig wie das Ankohlen der Pfähle im Feuer. Nach kurzer Zeit schon werden feine Trockenrisse den Pilzen Zugang zu den durch die genannten Maßnahmen ungeschützten Holzteilen geben, und das Holz wird „faulen".

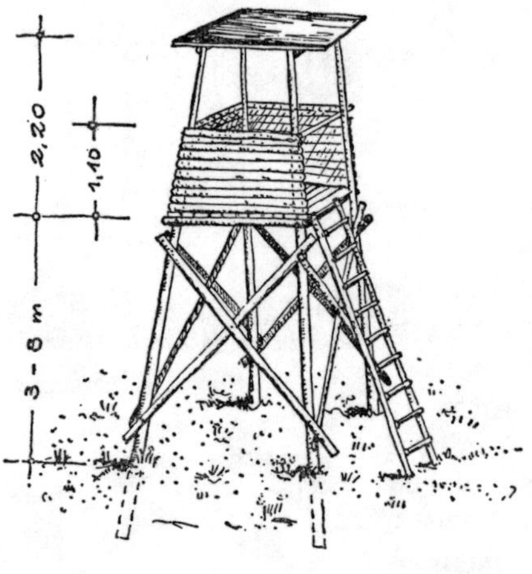

Abb. 3. Schema eines Hochsitzes

Diesen Abbau des Holzes verhindern chemisch wirkende Holzkonservierungsmittel, deren Anwesenheit im Holz ein Pilzwachstum unmöglich macht. In diese Mittel wird das Holz entweder *ganz* eingetaucht (Holzschutzlösungen, auch Steinkohlenteeröl), oder das Mittel ist ein Schutzsalz, das als Bandage insbesondere um Pfosten im Bereich der Erdluftzone herumgelegt wird. Die Holzschutzlösungen und Bandagensalze verteilen sich unter Anwesenheit natürlicher Feuchtigkeit im Holz und konservieren es. Salzpackungen für diesen Zweck stellt die einschlägige Industrie her, und zwar ist das Salz in dünne Schaumgummistreifen eingebracht, die nach dem Umwickeln des Pfostens mit einer Plastikfolie abgedeckt werden, um vorzeitige Ausschwemmung zu verhindern. Diese Bandage wird so befestigt, daß sie zu einem Drittel aus dem Erdboden herausragt. Sie darf dem Wild nicht zugänglich sein, da die Schutzsalze nicht ungiftig sind. Schutzanstriche für freiverbautes Holz muß man von Zeit zu Zeit erneuern. Aufgesprühte Holzschutzmittel kann man ohne ständige Wiederholung mit Erfolg nur bei ständig trockengehaltenem Bauholz anwenden.

Speziell hinsichtlich der Pfosten von Hochsitzen, Fütterungen und Futterschuppen bedeutet das, daß diese durch den immer wieder empfohlenen Teerölanstrich *nicht* dauerhaft geschützt sind.

Man kann auch die Füße der Pfosten etwa zwei Tage lang so tief in einen Behälter mit Schutzsalzlösung einstellen, daß noch etwa 30 bis 40 cm oberhalb der zukünftigen Erdluftzone von der Lösung erfaßt werden.

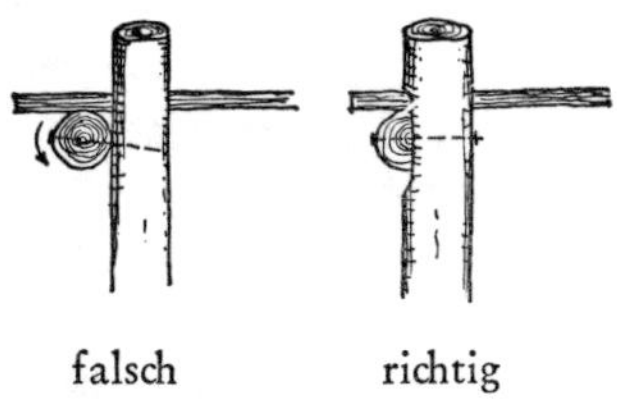

Abb. 4. Befestigung von Riegeln an den Stehstangen

Die *Stehstangen* können beim offenen Hochsitz bis Brüstungshöhe der Kanzel durchgehen. Ist der Hochsitz mit einem Dach versehen, werden sie so hoch geführt, daß sie auch noch das Dach tragen. In der Höhe, in der der Kanzelboden angelegt werden soll, ist für das Auflegen des Fußbodens ein horizontaler Kranz mit den Eckstangen durch Bolzen fest zu verbinden (s. Abb. 4). Auf diesen Kranz sind geschälte schwache Stangen von ca. 7 cm Durchmesser oder auch aufgeschnittene stärkere Stangen oder besäumte Bretter als Fußboden aufzunageln. Die Bretter bzw. Stangen sind mit einem Abstand von ca. 0,5 cm voneinander zu befestigen, damit sich kein Regenwasser ansammeln kann. Günstig kann sein, für die Dauer der Jagdzeit Moos, Rasenplaggen oder eine Kokosmatte auf den Fußboden zu legen, damit beim notwendigen Umhertreten keine Geräusche entstehen.

Die *Größe des Kanzelbodens* richtet sich danach, ob die Kanzel einer Person oder mehreren Personen Platz bieten soll. Für eine Person würde schon eine geringste Fläche von 80 × 80 cm ausreichen, doch sollte sie nie zu klein bemessen werden, damit der ansitzende Jäger sich auch genügend bewegen kann, was besonders bei der Winterkälte von Bedeutung ist. Angemessen ist eine Fläche von 1,00 × 1,00 m.

Das *Brüstungsgeländer* erstellt man etwa 1,00 m hoch. Es darf nicht zu schwach ausgeführt werden, weil der Jäger sich auch dagegenlehnen wird. Die oberen Querhölzer der Brüstung werden am besten auf der Innenseite der Stehstangen angebracht, damit sie sich beim Anlehnen nicht loslösen können. Die Brüstung wird mit Brettern oder aufgetrennten Stangen verblendet; dabei sollte man keine frisch geschnittenen Bretter verwenden, weil sie zu sehr auffallen würden, wenn man sie nicht mit einem farbigen Konservierungsmittel streicht. Da die Bretter mit Abstand zueinander angebracht werden, müssen die Fugen mit Deckbrettern oder -leisten überdeckt werden.

Als *Sitzgelegenheit* wird aus Brettern eine kleine Holzbank hergestellt, die nicht zu hoch sein sollte (Oberkante 45 cm). Dabei kann es sinnvoll sein, das Sitzbrett nicht festzunageln, sondern auf zwei in entsprechender Höhe angebrachte Querhölzer aufzulegen, um es nach Bedarf verschieben zu können. Eine Rückenlehne und evtl. ein Luft- oder Schaumgummikissen mit wasserundurchlässigem Plastikstoff bezogen, machen auch einen längeren Ansitz angenehm.

Der *Aufstieg zur Kanzel* kann über eine besondere *Leiter* erfolgen oder über Sprossen, die bei niedrigen Hochsitzen direkt auf die Eckstangen genagelt sind. Im letzten Falle ist der Aufstieg sehr steil, kann aber nicht gestohlen werden. Eine ordentliche Leiter kann weniger steil angelegt werden und hat – falls sie nicht fest mit dem Hochsitz verbunden ist – den Vorzug, daß sie versteckt werden kann, so daß der Hochsitz Unbefugten nicht zugänglich ist. Eine sicher besteigbare Leiter muß zwischen den Holmen im Mittel 50 cm *breit* sein. Je länger sie ist, desto breiter muß sie sein. Der *Sprossenabstand* sollte nicht mehr als 28–30 cm betragen, jeweils von Oberkante zu Oberkante gemessen, dabei müssen die Abstände von Sprosse zu Sprosse gleich groß sein. Die Sprossen müssen die Holme nach jeder Seite um etwa 5 cm überragen, denn wenn sie zu knapp bemessen sind, reißen sie beim Annageln zum Ende hin auf und sind bald heruntergetreten, was leicht zu Unfällen führen kann. Die fest anzunagelnden, entrindeten Sprossen sind in Einkerbungen in den Holmen einzulassen, damit sie zuverlässig und dauerhaft aufliegen. Niemals sollten runde Sprossen einfach auf runde Holme genagelt werden (Vergleich in Abb. 4). Die Enden sind für ein gutes Aufliegen stets abzuflachen.

Bei längeren Leitern sind *Abstrebungen* zu den Stehstangen erforderlich, damit die Leiter beim Besteigen nicht schwankt oder sich durchbiegt und sich dabei langsam aus ihrer Verankerung löst.

Leiterlänge	Holmdurchmesser in Leitermitte – Mindestmaß –		Leiterbreite	Sprossenquerschnitt	
	Rundholm	Halbrundholm		Dicke/Höhe Mindestmaß	Ø
m	mm	mm	mm	mm	mm
4,00	65	80	450	30/50	50
6,00	70	90	500	35/50	55
8,00	75	100	650	40/60	63

Die statischen Erfordernisse werden beim Bau eines Hochsitzes wohl immer erfüllt sein, wenn man gesundes, entrindetes und genügend dickes Holz verwendet, die Konstruktion ausreichend mit Streben versieht und nicht mit Nägeln und Bolzen spart. Doch sind Bau und Anlage eines Hochsitzes auch von der Seite der Unfallverhütung zu betrachten.

Für Hochsitze – offene oder geschlossene – gibt es keine speziellen Bauvorschriften. Es können hierfür aber die Unfallverhütungsvorschriften der Bauberufsgenossenschaft für „Leitern und Tritte" bzw. die für „Gerüste" sinngemäß herangezogen werden. Die UVV für bauliche Einrichtungen der Jagd sind nur sehr allgemein gehalten, so daß daraus nur wenig Bindendes herausgelesen werden kann.

Dagegen stellt aber eine ungeeignete Bauweise von Hochsitzen und Kanzeln einen Verstoß gegen Abschnitt 1 der „Allgemeinen Unfallverhütungs-Vorschriften" der Landwirtschaftlichen Berufsgenossenschaft dar. Verstöße gegen diese allgemein verbindlichen Schutzbestimmungen fallen unter den Begriff der „Fahrlässigkeit" bzw. „Grobfahrlässigkeit" im Sinne der zivilrechtlichen Bestimmungen.

Es heißt z. B. in den UVV, daß Steigeleitern bzw. deren Holme mindestens 1,00 m über den Austritt hinausragen müssen, um ein sicheres Verlassen der Leiter zu gewährleisten. Im anderen Falle müssen andere Vorrichtungen genügend Sicherheit für das Besteigen und Sicherheit gegen Absturz bieten.

Die Leiter einer *geschlossenen* Kanzel sollte niemals unter der Tür zur Kanzel enden, wenn die *Tür nur nach außen zu öffnen* ist – wie es meistens der Fall ist.

Endet die Leiter unter der Tür, muß diese *nach innen zu öffnen* sein, so daß man von der Leiter aus die Tür nach innen aufschieben und direkt in die Kanzel treten kann. Der Raum der Kanzel muß aus diesem Grunde etwas größer bemessen sein. Die Tür liegt möglichst seitlich in der Wand, s. Tafel 3 oben, so daß man beim Einsteigen von der Tür zur Seite treten und die Tür hinter sich schließen kann. So geht am wenigsten Raum verloren und der Einstieg ist verhältnismäßig bequem und sicher.

Die lichte Durchgangsbreite der Tür ist mit 65 bis 70 cm ausreichend. Beiderseits der Tür muß außen, wenn die Leiter darunter endet, je eine ca. 6 cm dicke, genügend lange Halteleiste senkrecht angebracht sein, damit man sich jederzeit, auch wenn man schon etwas tiefer steht und die Tür zumachen und abschließen will, rechts oder links sicher festhalten kann. Befindet sich auf einer Seite der Tür das Geländer der Leiter, ist die Halteleiste nur auf der anderen Seite nötig. Sie muß mit Bolzen an der Konstruktion angeschraubt sein, weil sonst nicht genügend Sicherheit gegen Abreißen gegeben ist. Die Leiste muß sich mit der Hand gut umfassen lassen, daher sollte der Abstand von der Verschalung mindestens 6 cm betragen.

Würde die Leiter direkt unter einer Tür enden, die *nur nach außen zu öffnen* ist, müßte sich der Jäger (evtl. mit umgehängter Büchse und dem Rucksack auf dem Rücken), wenn er die Tür öffnen wollte, weit zurücklehnen oder tief bücken, damit er die Tür über sich herüberziehen kann. Ist er dann eingestiegen, muß er sich hinauslehnen, um die offene Tür zu ergreifen und sie zu schließen. Beim Abstieg würde sich alles umgekehrt wiederholen. Wenn dann noch evtl. ein heftiger Wind entgegensteht, kann es sehr leicht gefährlich werden, zumal der Abstieg wohl bei Dunkelheit erfolgt.

Es muß auch daran gedacht werden, daß gelegentlich ein Jagdgast, der mit den Umständen nicht vertraut ist, die Kanzel nach dem Ansitz bei Dunkelheit verläßt. Wenn es dann bei den manchmal recht primitiven Bauten und ungünstiger Anlage von Leiter zur Tür zu einem Absturz kommt, bedeutet das für den Gastgeber einen nachfolgenden Prozeß. Da es um die eigene Sicherheit und um die fremder Leute geht, sollte es den Erbauern von „Primitivkanzeln“ doch angelegen sein, keine unfallträchtigen Einrichtungen zu erstellen.

Jede *geschlossene Kanzel mit Tür* sollte so gebaut werden, daß entweder

1. die Tür nach innen aufschlägt oder
2. vor der nach außen schlagenden Tür ein genügend großes Podest vorgesehen wird.

Es gibt nur diese zwei Möglichkeiten, um stets unfallfrei die Kanzel zu besteigen. Man müßte endlich aufhören, immer wieder trotz aller Vernunft das Falsche zu bauen.

Auch Schiebetüren würden bei Selbstbauweise nicht angebracht sein, weil sie schlecht einzubauen sind, sich leicht verklemmen und beim Öffnen und Schließen leicht störende Geräusche verursachen. Die auf Tafel 3 (ob. lks.) abgebildete Kanzel ist ungewöhnlich hoch. Doch sie hat oben vor der Tür und als Austritt von der Leiter einen Vorplatz, so daß das Verlassen der Leiter und das Eintreten in die Kanzel gefahrlos und sicher vor sich gehen kann. Außerdem hat die Leiter ein Geländer. Es ist aber trotz des Geländers nicht jedermanns Sache, so hohe und „durchsichtige“ Leitern über mehr als drei volle Wohngeschosse (bis auf 8,50 m Höhe) ohne Schwindel- oder Angstgefühl mit Gepäck auf dem Rücken zu besteigen.

Schon aus diesem Grunde sollten alle Kanzeln gemäßigt hoch angelegt werden. Es gibt leider aber auch Hochsitze mit Leitern bis zu dieser Höhe, die nicht einmal ein Geländer erhalten haben. Das ist sträflicher Leichtsinn, und bei einem Unfall würde der Besitzer zur Rechenschaft gezogen werden.

Im Wohnungsbau sind z. B. schon für Podeste von nur 5 Stufen (1,00 m Höhe) mindestens Handläufe gegen Absturz Vorschrift. Hier, im Wohnungsbau, erscheint das jedem normal. Doch bei Hochsitzen steigen die Leitern oft in den Himmel, ohne ein Geländer zu haben. Da ein Hochsitz mit seiner Leiter eine Dauereinrichtung darstellt, können hier nicht irgendwelche Vorschriften herangezogen werden, die vielleicht kein Geländer zur Bedingung machen wie bei vorübergehend benutzten Leitern, z. B. bei Arbeitsgerüsten. Es bedeutet doch nur eine Kleinigkeit, die Aufstiegsleitern mit einem Geländer zu versehen. Für des Fehlen dieses Schutzes gibt es keine Begründung. Hier in Wald und Feld kann es ja ruhig etwas wuchtig wirken, dafür wird aber Sicherheit geboten. Und gesund möchte doch jeder Jäger nach der Jagd zu seiner Familie heimkehren.

Das Geländer kann 1,00 m bis 1,10 m über den Leitersprossen angeordnet werden. Die Höhe wird senkrecht über der Sprosse bis Oberkante Handlauf gemessen (s. Abb. 7).

Die Leiter darf weder zu steil noch zu flach angelegt werden. Sie sollte oben und unten fest angebracht sein. Ihre Neigung soll so günstig sein, daß auch ein Rucksack auf dem Rücken das Aufsteigen nicht zu einem Wagnis werden läßt. Man muß, leicht vorgebeugt, die Sprossen mit den Händen greifen können, ohne jedoch auf allen Vieren – bei zu flacher Neigung – hinaufkriechen zu müssen.

Die Leiter wird richtig stehen, wenn sie unter 68° bis 75° geneigt ist. Diese Neigung erhält man auf folgende Weise: Man trägt auf dem Boden eine Strecke von 65 cm ab, stellt an einem Ende einen 1,50 m langen Stab senkrecht auf und verbindet das Stabende mit dem anderen Ende der aufgetragenen Strecke. Diese Linie ist dann unter rd. 68° geneigt. Bei gleicher Länge des Stabes und 45 cm langer Strecke ist die gezogene Linie unter rd. 75° geneigt. Wie man ohne Winkelmesser und Maßstab die etwa richtige Neigung der Leiter festlegen kann, zeigt Abb. 5. An der Leiter sollte gut sichtbar ein wetterfestes Schild: „Betreten des Hochsitzes durch Unbefugte ist verboten und wird strafrechtlich verfolgt“ angebracht werden. Wenn es auch nicht vor dem Betreten des Hochsitzes durch Unbefugte direkt schützt, so kann es später bei einer Gerichtsverhandlung doch von großem Nutzen sein, falls ein Unfall passiert ist.

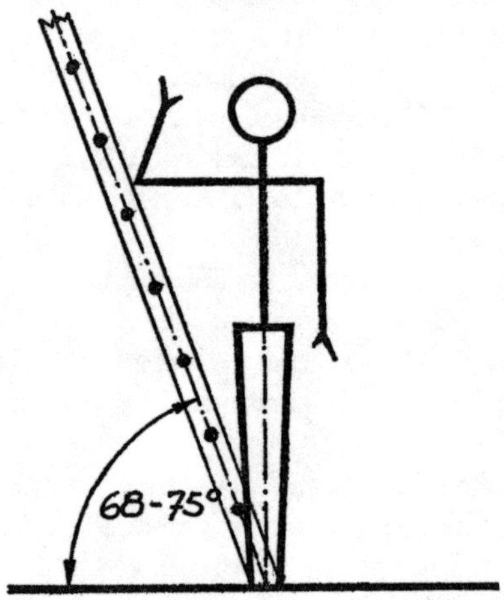

Abb. 5. Festlegen der Neigung der Leiter ohne Hilfsmittel

Angenehmer und vor Regen geschützt sitzt man in einer *Kanzel mit Schutzdach*. Das Dach wird am besten auf dem Erdboden als Platte fix und fertig hergestellt. Die Querleisten, ca. 3/10 cm, werden hochkant gestellt, die Schalung mit Nägeln darauf befestigt und mit einer starken Bitumenpappe abgedeckt. Damit der Wind die Pappe nicht abhebt, werden zwei schmale Bretter über sie genagelt. Auf die seitlichen Kanten werden dünne Leisten ringsum angebracht, so daß die Pappe sicher festgehalten ist. Mit einigen Helfern wird die fertige Dachplatte auf die vier Pfosten gehoben, und die Querleisten werden durch starke Nägel mit den Pfosten verbunden. Die Pfostenenden sind vorher so abzuschneiden, daß die Dachplatte leichtes Gefälle erhält. Das Dach muß so groß sein, daß es die Kanzel nach allen Seiten um 30 cm überragt. Statt der Holzdachplatte können auch Platten aus Wellasbestzement verwendet werden, die keinerlei Wartung nötig haben. Bei Pappe besteht leicht die Gefahr, daß herabfallende Äste sie beschädigen.

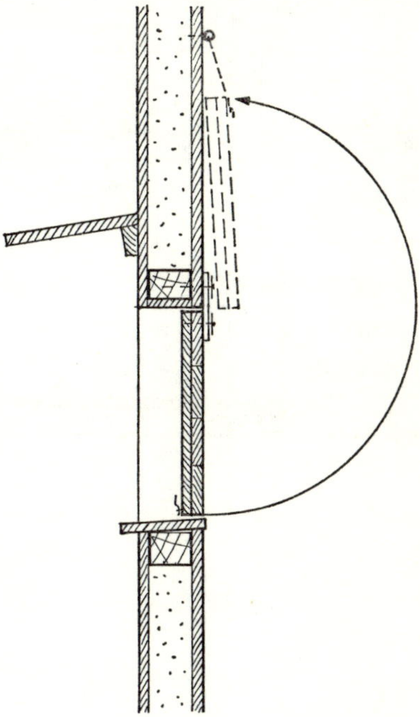

Abb. 6. Beobachtungsöffnung mit Klappe und äußerer Blende

Ein einfach zu bauender leichter, gedeckter Hochsitz für 2 Personen von ca. 3 bis 4 m Höhe und einer Podestplatte von 1,10/1,30 m Größe wird liegend am Aufstellungsort fix und fertig hergestellt, oder er wird fertiggestellt dort hingefahren. Die Stehstangen haben einen Durchmesser von ca. 12 cm und sind verstrebt. Die anderen Teile sind leichte Kanthölzer von ca. 6/10 cm Querschnitt und werden nach Abb. 7 montiert. Die ganze Konstruktion wird mit einem Imprägnierungsmittel gestrichen und das Dach fertig mit Bitumenpappe eingedeckt. Vier Löcher von etwa 80 cm Tiefe sind passend zu den Abständen der Stehstangen am gewünschten Platz im Boden auszuheben. Dann rückt man die Konstruktion so hin, daß nach Abb. 8 durch Seilzug der komplette Hochsitz angehoben und in die vorbereiteten Löcher geleitet wird. Gegenbretter in den beiden ersten Löchern fädeln die Stehstangen richtig ein. Eine Haltemannschaft mit Seilen verhindert das Überkippen. Mit etwas Gefühl, einem Traktor und nicht zu viel Schwung

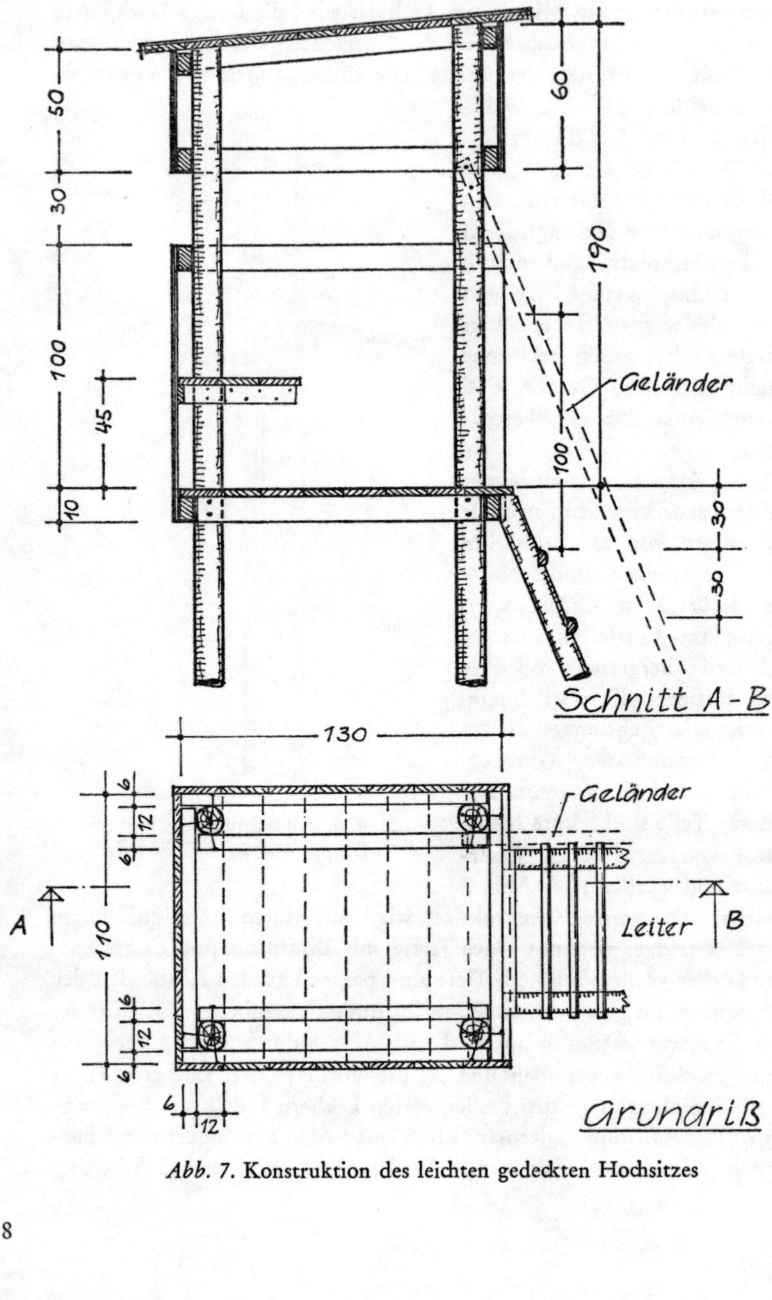

Abb. 7. Konstruktion des leichten gedeckten Hochsitzes

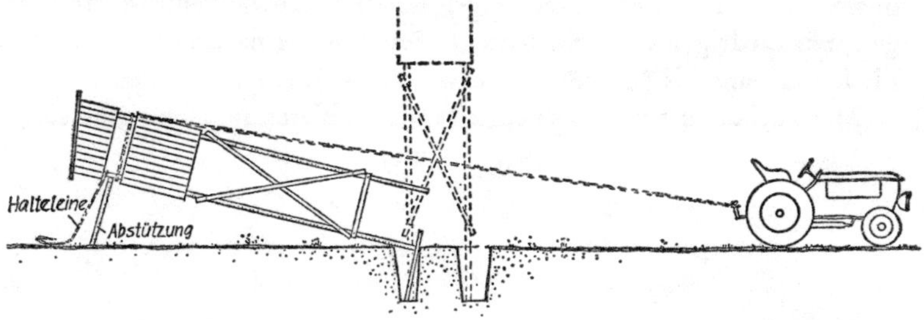

Abb. 8. Aufrichten des leichten Hochsitzes mit Hilfe eines Traktors

steht solch ein Sitz in ganz kurzer Zeit. Die Sitzbank kann in der Länge oder in der Breite des Hochsitzes beweglich angeordnet werden. Dazu brauchen nur die Leisten, auf denen das Sitzbrett aufliegt, entsprechend anders befestigt zu werden. Die Aufstiegleiter kann auch auf der Langseite angelegt werden.

Materialbedarf für einen leichten gedeckten Hochsitz nach Abb. 7

	lang cm	breit cm	dick cm
2 Stck. Stehstangen	650		∅ 12
2 Stck. Stehstangen	640		∅ 12
8 Stck. Verstrebungen	360		∅ 8
4 Stck. Riegel	140		∅ 6
4 Stck. Leisten	97	10	6
3 Stck. Leisten	110	10	6
8 Stck. Leisten	130	10	6
2 Stck. Leisten	118	10	6
0,55 m^2 Bretter für Sitzbank	110	50	2,4
1,43 m^2 Fußboden	110	130	2,4
7,00 m^2 Wandverschalung			2,4
2,02 m^2 Dachschalung	130	155	2,4
3,00 m^2 Bitumen-Dachpappe 500			
2 Stck. Leiterholme			∅ 8
Leitersprossen			
1 Stck. Geländer			∅ 6
dazu Bolzen und Nägel			

Bei höheren Kanzeln mit kleiner Grundfläche wird es oft notwendig sein, zu dem eigentlichen verstrebten Gerüst das ganze Bauwerk zusätzlich nach außen hin durch lange Streben (etwa nach Tafeln 2 und 3 unten) standfester zu machen. Bei Wind könnte sonst auch ein in sich verstrebter „schlanker“ Hochsitz leicht schwanken. Bei breit angelegten niedrigen Kanzeln besteht diese Gefahr natürlich nicht. Auch die Leiter kann als Abstrebung verwendet werden.

Mehr Schutz als der überdeckte Hochsitz bietet die allseitig *geschlos-*

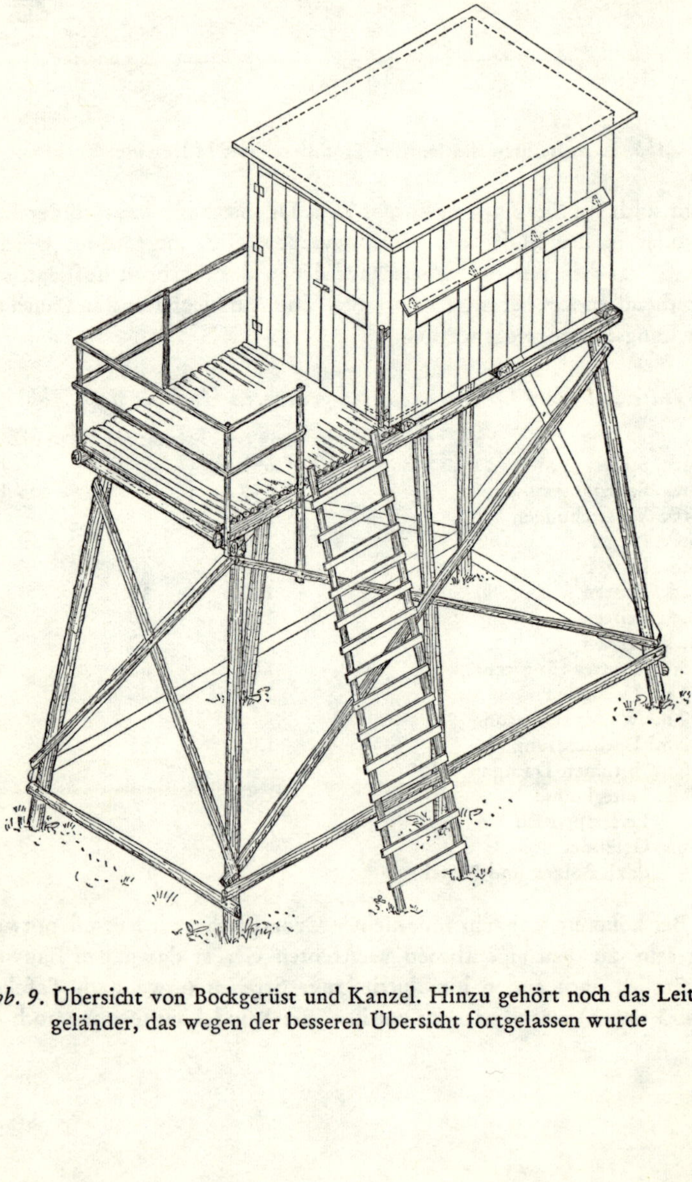

Abb. 9. Übersicht von Bockgerüst und Kanzel. Hinzu gehört noch das Leitergeländer, das wegen der besseren Übersicht fortgelassen wurde

sene Kanzel. Der Jäger ist der Witterung und den Insekten nicht ausgesetzt, zugleich ist er dem Wild und evtl. Wilddieben nicht sichtbar. Die Kanzel hat nach den Beobachtungsseiten oder nach allen vier Seiten lediglich ca. 30/50 cm große liegende Öffnungen, die durch Schieber oder Klappen geschlossen werden können. Während Schieber auf der Außenseite laufen, werden Klappen nach innen oder außen geöffnet (s. Abb. 6). Blechscharniere werden selten verwendet, da sie beim Öffnen der Klappe leicht quietschen können, sie werden hier durch Gummi- oder Lederstreifen ersetzt. Klappen, Schieber und Tür sollen von innen verriegelbar sein; für die Tür verwendet man außerdem ein festes Außenschloß.

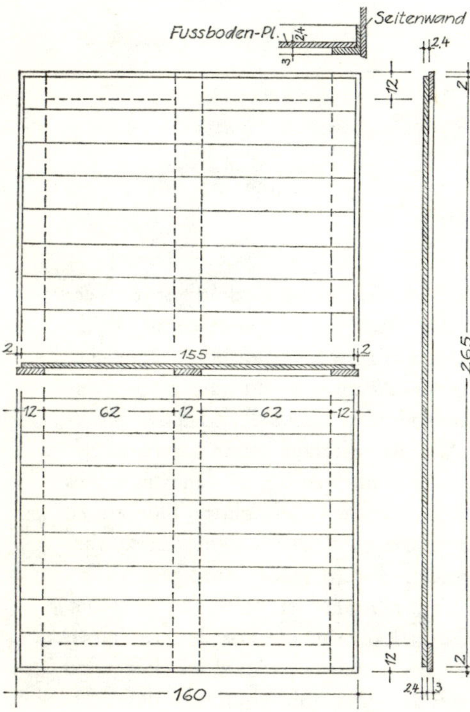

Abb. 10. Fußbodenplatte

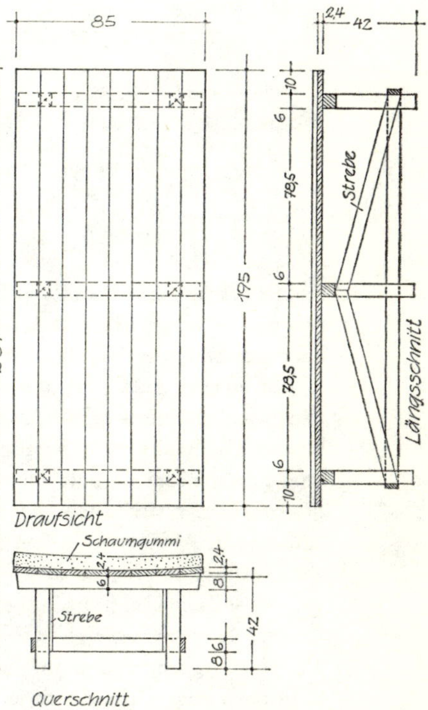

Abb. 11. Sitzbett

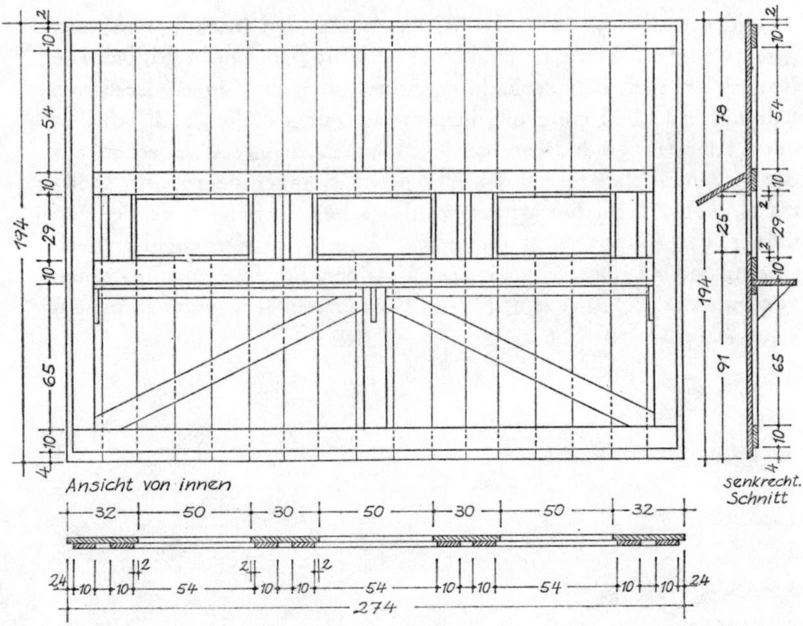

Abb. 12. Vorderwand

Die geschlossene Kanzel soll im Bedarfsfall so geräumig gebaut werden und so eingerichtet sein, daß der Jäger notfalls auch einmal darin übernachten kann. Die Bank soll deshalb zum Schlafen lang genug sein.

Oft werden geschlossene Kanzeln aus zimmermannsmäßig abgebundenen Kanthölzern gebaut. Meistens werden jedoch Rund- oder Halbhölzer als Bauholz verwendet. Wo Rundhölzer aneinandergenagelt oder miteinander verbolzt werden, ist es notwendig, an den Stellen, an denen Hölzer sich aneinanderlegen, mit dem Beil glatte Flächen zu schlagen (s. Abb. 4). Die Konstruktion wird dadurch solider und sicherer. Höhere Hochsitze und Kanzeln, die an stark windigen Stellen stehen, sollten zusätzlich äußere Verstrebungen erhalten.

Sehr bequem besteigbar sind Schlafkanzeln, die vor der Tür einen *Vorplatz* haben, wie er in Abb. 9 dargestellt ist. An die Leiter wird man noch zusätzlich ein einseitiges Geländer anbringen, um den Aufstieg zur Kanzel angenehm und sicher zu machen. Der Durchstieg durch das Vorplatzgeländer kann durch einen Riegel geschlossen werden.

Bei *Schlafkanzeln aus vorgefertigten Teilen* nach Abb. 9 werden die Platten fix und fertig hergestellt, zur Baustelle gefahren und hier mit wenig Arbeitsaufwand zusammengebaut.

Auf allen Seiten der Kanzel sind Öffnungen mit Klappen vorgesehen. Das Sitzbett steht frei in der Mitte des Raumes, so daß im Sitzen nach allen Seiten beobachtet und geschossen werden kann. Nach der Bergseite zu sind die Öffnungen höher angeordnet. Die Abbildungen 10 bis 16 bringen maßstäbliche Zeichnungen, und auf den nachfolgenden Seiten ist der Materialbedarf jeder einzelnen Platte angegeben. Die Platten sind in Ansichten und Schnitten so deutlich und mit Maßen versehen dargestellt, daß lange Erläuterungen zum Zusammenbau fortfallen können. Die gesamte Verschalung besteht aus 2,4 cm dicken, gespundeten und einseitig gehobelten Brettern, die mit Rahmenbrettern nach Zeichnung gut zu vernageln sind.

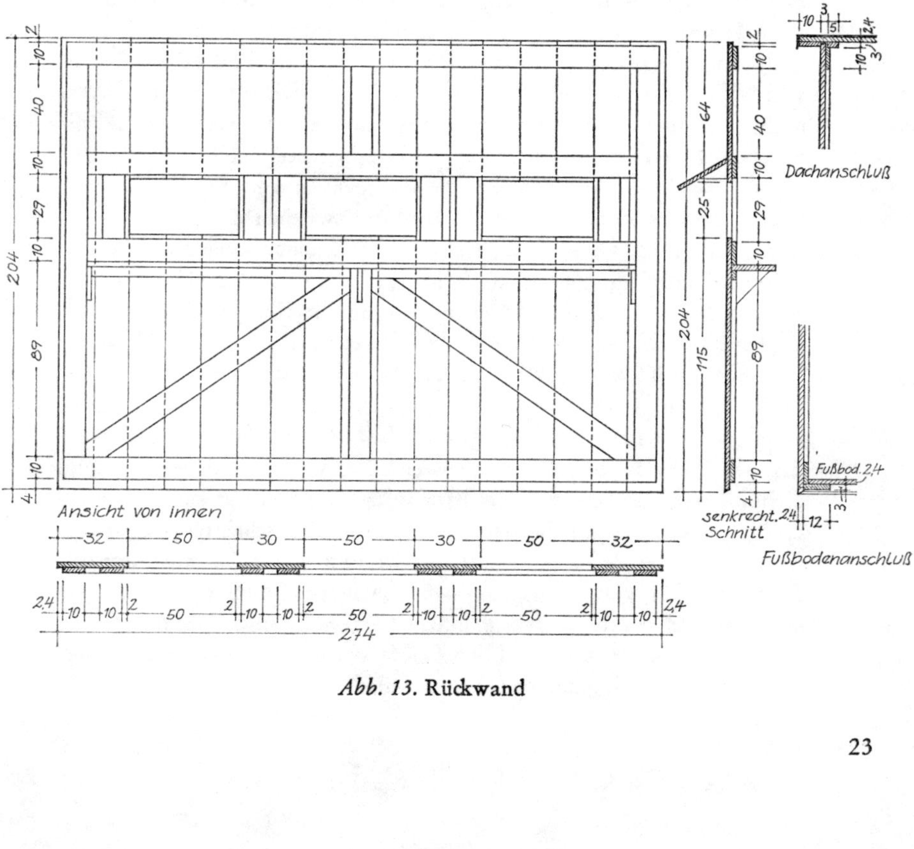

Abb. 13. Rückwand

Aus der Übersichtsskizze 9 ist der Aufbau der Kanzel leicht zu ersehen. Bevor sie auf dem Bockgerüst aufgebaut wird, muß sie zur Probe auf einer ebenen Fläche zusammengesetzt werden. Ist das Bockgerüst mit Vorplatz und Leiter fertiggestellt, wird die Fußbodenplatte auf drei quergelegte und gut verankerte Riegel (möglichst Kanthölzer) aufgebracht, ausgerichtet und befestigt. Anschließend werden die Wände gestellt und mit der Fußbodenplatte und untereinander an den Plattenstößen sicher verbunden, so daß anschließend die Dachplatte aufgelegt werden kann.

Wenn man die Kanzel mit einer Bitumendachpappe 500 allseitig verkleidet, wird sie winddicht. Die Bahnen müssen überall so überlappt werden, daß kein Regenwasser eindringen kann. Es empfiehlt sich, grau beschieferte Pappe zu verwenden, die im Gelände sauber und nicht störend wirkt.

Für lange Ansitze mit nachfolgender Übernachtung, besonders im Herbst oder Winter, wird auch eine winddichte Schlafkanzel zu kalt sein. Es bestände bei derselben Herstellungsart der Platten nach Abb. 10 bis 16 leicht die Möglichkeit, diese Platten in „Sandwich"-Bauweise wärmedämmend herzustellen. Die genannten Platten müßten doppelwandig mit einer Zwischenlage aus Styropor oder Mineralwolle und einer Folie, evtl. Wellpappe, hergestellt werden. Die 2 cm dicke Einlage (so dick wie die Rahmen- und Strebhölzer) würde überall dort, wo die einfache Verschalung zwischen den Rahmenbrettern sichtbar ist, als Dreieck, Rechteck usw. genau eingepaßt werden müssen. Darauf käme die Folie (oder Wellpappe) und darüber als letzte Lage die innen sichtbare Verschalung aus Brettern, Hartfaser- oder Tischlerplatten. Das ergäbe eine etwas aufwendige aber solide Konstruktion. Es ist aber fraglich, ob der Aufwand sich lohnt. Denn dieser im Winter ausgekühlte kleine Raum, müßte bei Benutzung von innen erwärmt werden, damit eine „gemütliche" Nacht darin verbracht werden kann. Ob die Eigenwärme ausreicht? Eine eigene kleine Heizung, die mit Petroleum, Benzin oder Brennspiritus – aber mit einer Flamme, die Sauerstoff braucht, betrieben werden müßte, scheint doch problematisch zu sein. Hier müßte an Zuluft und Abluft gedacht werden, ganz abgesehen von der leichten Brennbarkeit des Ganzen. Wenn Fenster und Tür allerdings nur primitiv hergestellt sind, lohnte sich das Isolieren der Platten nicht. Hier müßte saubere Schreinerarbeit geleistet werden, womit Zugdichtigkeit gewährleistet wäre.

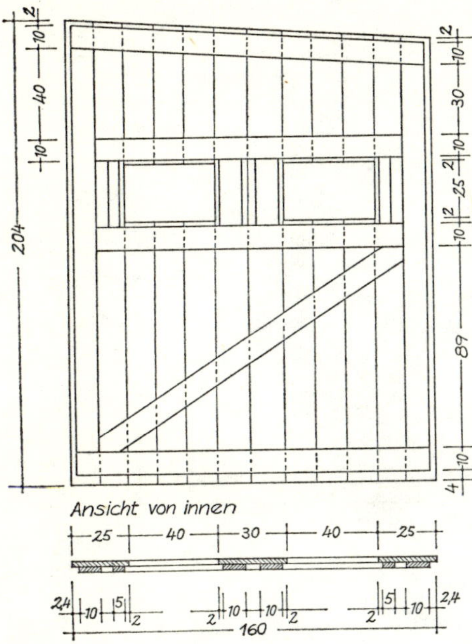

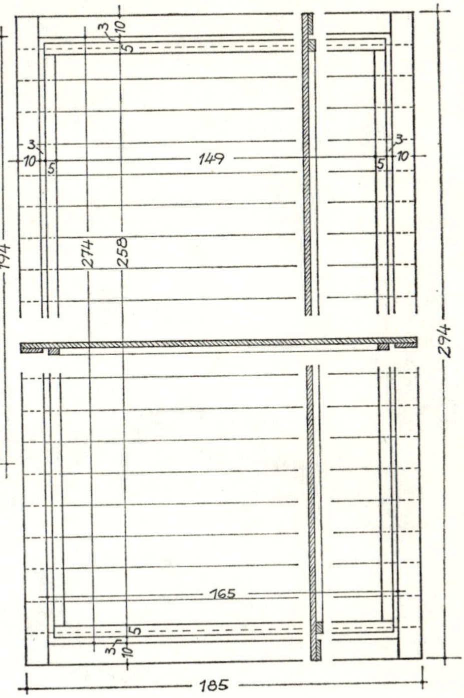

Abb. 14. Seitenwand

Abb. 15. Dachplatte

Für das *Bockgerüst* ist in der Schemaskizze 18 die Anordnung der einzelnen Hölzer mit Maßangaben dargestellt.

Material-Bedarf für eine Schlafkanzel aus vorgefertigten Teilen und Bockgerüst

Sämtliche Schalbretter sind gespundet und einseitig gehobelt. Rahmenbretter sind besäumt und einseitig gehobelt.

Fußbodenplatte	breit cm	lang cm	dick cm
4,15 m² Schalbretter	265	155	2,4
3 Stck. Rahmenbretter	12	272	3
4 Stck. Rahmenbretter	12	62	3

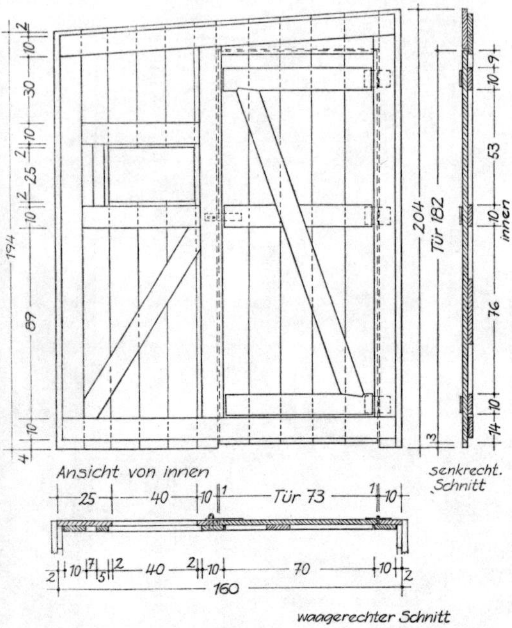

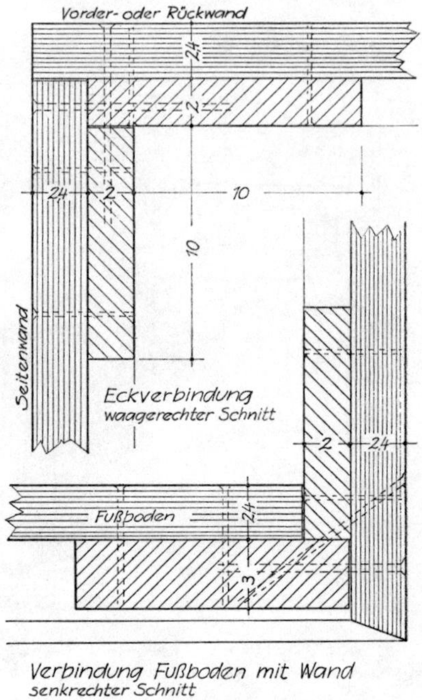

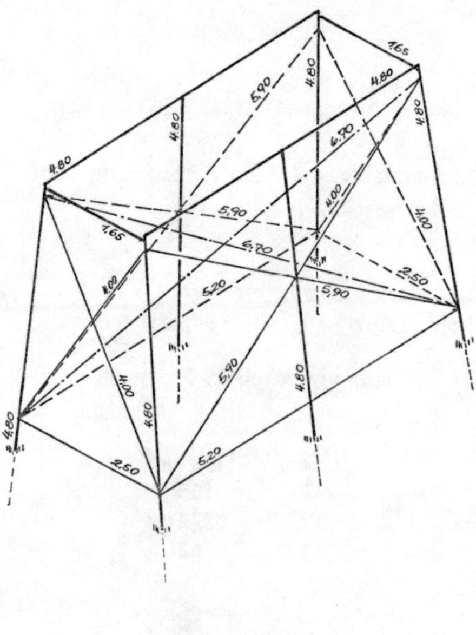

Abb. 16 (oben links). Seitenwand mit Tür

Abb. 17 (oben rechts). Plattenverbindungen

Abb. 18 (unten links). Schema: Bockgerüst

Vorderwand	breit cm	lang cm	dick cm
5,35 m² Schalbretter	274	194	2,4
2 Stck. Rahmenbretter, waagerecht	10	269	2
2 Stck. Rahmenbretter, waagerecht	10	249	2
2 Stck. Rahmenbretter, senkrecht	10	168	2
6 Stck. Füllungen bei den Öffnungen	10	29	2
1 Stck. Verstrebung, senkrecht	10	62,5	2
1 Stck. Verstrebung, senkrecht	10	54	2
2 Stck. Streben, schräge	10	135	2
1 Stck. Ablegebrett	ca. 20	249	2,4
1 Stck. Leiste unter Ablegebrett	5	249	2
3 Stck. Konsolen unter Ablegebrett	15	15	3
1 Stck. Sichtblende außen	25	235	2,4
4 Stck. Konsolen	15	15	3
Dazu Beschläge für Klappen			

Rückwand	breit cm	lang cm	dick cm
5,60 m² Schalbretter	274	204	2,4
2 Stck. Rahmenbretter, waagerecht	10	269	2
2 Stck. Rahmenbretter, waagerecht	10	249	2
2 Stck. Rahmenbretter, senkrecht	10	178	2
6 Stck. Füllungen bei den Öffnungen	10	29	2
1 Stck. Verstrebung, senkrecht	10	86,5	2
1 Stck. Verstrebung, senkrecht	10	40	2
2 Stck. Streben, schräge	10	145	2
1 Stck. Ablegebrett	ca. 20	249	2,4
1 Stck. Leiste unter Ablegebrett	5	249	2
3 Stck. Konsolen unter Ablegebrett	15	15	3
1 Stck. Sichtblende außen	25	235	2,4
4 Stck. Konsolen	15	15	3
Dazu Beschläge für Klappen			

Seitenwand ohne Tür	breit cm	lang cm	dick cm
3,27 m² Schalbretter	160	204	2,4
2 Stck. Rahmenbretter, waagerecht	10	155	2
2 Stck. Rahmenbretter, waagerecht	10	135	2
1 Stck. Rahmenbrett, senkrecht	10	178	2
1 Stck. Rahmenbrett, senkrecht	10	168	2
2 Stck. Füllungen bei den Öffnungen	10	29	2
2 Stck. Füll-Leisten bei den Öffnungen	5	29	2
1 Stck. Querstrebe	10	165	2
evtl. auch hier Ablegebrett und Sichtblende			
Dazu Beschläge für Klappen			

Seitenwand mit Tür	breit cm	lang cm	dick cm
3,27 m² Schalbretter	160	204	2,4
2 Stck. Rahmenbretter, waagerecht	10	155	2
2 Stck. Rahmenbretter, waagerecht	10	56	2
1 Stck. Rahmenbrett, senkrecht	10	178	2
1 Stck. Rahmenbrett, senkrecht	10	173	2
1 Stck. Rahmenbrett, senkrecht	10	168	2
1 Stck. Füll-Leiste bei der Öffnung	5	29	2
1 Stck. Querstrebe	10	105	2
3 Stck. Querleisten der Tür	10	68	2
1 Stck. Strebeleiste der Tür	10	155	2
Dazu Beschläge für Tür und Klappe			

Dachplatte	breit cm	lang cm	dick cm
5,45 m² Schalbretter	294	185	2,4
2 Stck. Rahmenbretter	10	294	2
2 Stck. Rahmenbretter	10	165	2
2 Stck. Leisten	5	268	3
2 Stck. Leisten	5	159	3
6,00 m² Bitumendachpappe 500			

Sitzbett	breit cm	lang cm	dick cm
1,65 m² Schalbretter, besäumt	85	195	2,4
3 Stck. Zargen	8	80	6
6 Stck. Füße	6	36	6
2 Stck. Fußleisten	6	180	2,4
2 Stck. Fußleisten	6	70	2,4
4 Stck. Streben	6	95	2,4
2 Stck. Streben	6	70	2,4
1 Stck. Schaumgummikissen 85/195 cm			

Bockgerüst, Podest in 4,00 m Höhe		
6 Stck. Stehstangen	4,80 m	Ø 12 cm
2 Stck. Längsriegel, oben	4,80 m	Ø 12 cm
5 Stck. Querriegel, oben	1,65 m	Ø 12 cm
(evtl. Kanthölzer 10/10 cm)		
2 Stck. Längsriegel, unten – Halbhölzer	5,20 m	Ø 10 cm
2 Stck. Querriegel, unten – Halbhölzer	2,50 m	Ø 10 cm
4 Stck. Kreuzverstrebungen – Halbhölzer	5,90 m	Ø 10 cm
4 Stck. Kreuzverstrebungen – Halbhölzer	4,00 m	Ø 10 cm
2 Stck. Kreuzverstrebungen, innen	6,70 m	Ø 10 cm
3,30 m² Fußboden des Podestes	1,65 m	Ø 6 cm
3 Stck. Geländerstützen	1,20 m	Ø 6 cm
1 Stck. Geländerstütze	2,00 m	Ø 6 cm
12 lfdm Hand- und Knieleiste des Geländers		Ø 6 cm
2 Stck. Leiterholme	4,50 m	Ø 8 cm
14 Stck. Leitersprossen	0,60 m	Ø 5 cm
1 Stck. Geländer der Leiter nach Wahl		

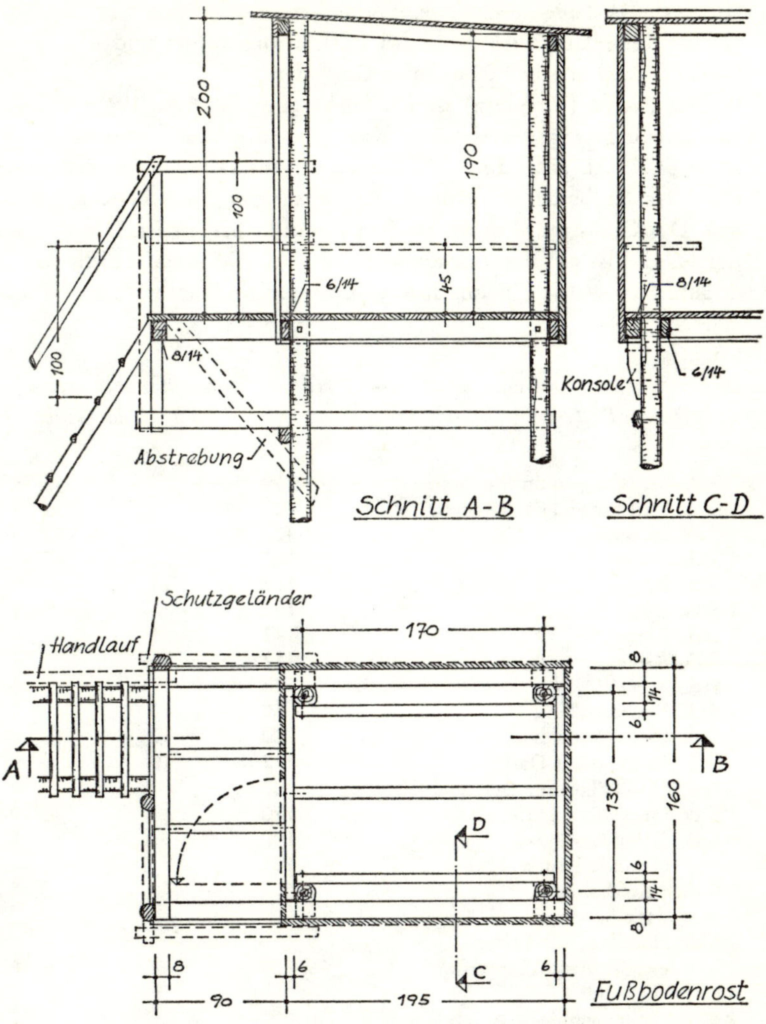

Abb. 19. Konstruktion einer leichten Kanzel (Schlafkanzel) mit auskragendem Podest

Eine verhältnismäßig leichte Kanzel, die sich auch zum Übernachten eignet, mit einer Bodenfläche von ca. 1,60/1,95 m, kann man mit einem Podest bauen und einer nach außen zu öffnenden Tür. Die Leiter mit Handlauf wird möglichst seitlich angeordnet und die Plattform erhält ein festes 1,00 m hohes Geländer.

Das Podest (Vorplatz) ist als Auskragung (s. Abb. 19) von zwei mit den Stehstangen verbolzten Kanthölzern gebaut, die durch Konsolen und evtl. auch durch Abstrebungen zusätzlich unterstützt werden. Der Fußboden wird durch Zwischenriegel ausreichend abgefangen. Das Gerüst wird durch Streben standfest hergestellt. Der Aufbau der Kanzel ist aus der Zeichnung zu ersehen und braucht nicht weiter erläutert zu werden. Beobachtungsöffnungen sind nach Wunsch anzuordnen.

Materialbedarf für eine geschlossene Kanzel (Schlafkanzel) mit auskragendem Podest. Fußboden der Kanzel in ca. 4,50 m Höhe (Abb. 19)

	lang cm	breit cm	dick cm
2 Stck. Stehstangen, durchgehend	730		⌀ 14
2 Stck. Stehstangen, durchgehend	720		⌀ 14
4 Stck. Streben	420		⌀ 8
4 Stck. Streben	400		⌀ 8
2 Stck. Kraghölzer (Kantholz)	285	14	8
1 Stck. Querholz am Podest	160	14	8
2 Stck. Riegel	142	14	6
3 Stck. Riegel	182	14	6
2 Stck. Riegel	72	14	6
4 Stck. Konsolen	50	10	8
2 Stck. Riegel unter Dach	200	10	8
2 Stck. Riegel unter Dach	142	10	6
2 Stck. Halbhölzer für Geländerhalterung	300		⌀ 10
1 Stck. Querholz – Halbholz	170		⌀ 10
3 Stck. Geländerstützen	180		⌀ 8
Geländerleisten	700		⌀ 6
2 Stck. Leiterholme	500		⌀ 8
dazu Sprossen			
1 Stck. Handlauf für Leiter			
einschl. Abstützungen	800		⌀ 6
4,60 m² Fußboden			2,4
7,80 m² Seitenwände			2,4
6,50 m² Vorder- und Rückwand			2,4
einschl. Tür			
1,00 m² Sitzbank od. 1,70 m² für Sitzbett			2,4
4,00 m² Dach			2,4
5,50 m² Bitumen-Dachpappe			
dazu Bolzen und Nägel			

Die Stehstangen sollten bei jedem Hochsitz nach innen geneigt stehen, damit die Standsicherheit größer ist, siehe Abb. 3.

Damit jedes kleine Bauwerk ein sauberes und abgeschlossenes Ganzes darstellt, dürfen keine Konstruktionshölzer, die zu lang geschnitten worden waren, verbaut und so belassen werden. Solche auskragenden Teile werden abgeschnitten, wenn der Bau fertig ist.

Ist eine Kanzel fertiggestellt, muß durch mehrmaliges Besteigen ausprobiert werden, ob nicht hier und da etwas knarrt oder sonst Geräusche entstehen, ob die Aufstiegsleiter richtig steht und keine unsauber abgeschnittenen Hölzer die Kleidung beschädigen können. Alle kleinen Fehler sind gleich abzustellen.

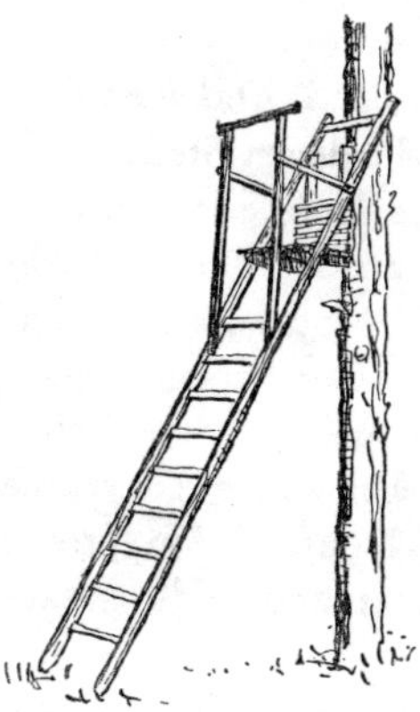

Abb. 20. An einen Baum zu lehnende, transportable Ansitzleiter

a *b*

Abb. 21. a. An einen Baum zu lehnende Ansitzleiter aus Holz mit Innenaufstieg; *b.* aus Stahlrohren mit Innenaufstieg.
Beide Ansitzleitern werden am Baum durch einen Haltegurt befestigt

Es versteht sich von selbst und es gebieten die Unfallverhütungsvorschriften, daß alle diese kleinen Holzbauwerke laufend unterhalten werden und alle Jagdeinrichtungen in einwandfreiem Zustand sind. Jeder Jäger, der einen Hochsitz sein eigen nennt, sollte von Zeit zu Zeit mal ein abgerissenes Brett des Schutzdaches oder des Brüstungsgeländers oder die beschädigte Pappdeckung des Daches erneuern und besonders den Fußboden der Plattform auf seine Sicherheit untersuchen. Sprossen der Aufstiegsleiter müssen vollzählig und in gutem Zustand sein. Spaziergänger könnten etwas beschädigt haben, was bei Dunkelheit leicht zu einem Unfall führen kann. Überhaupt macht ein gut instand gehaltener Hochsitz auch schon rein optisch einen besseren Eindruck als ein vernachlässigter. Man sollte sich viel weniger scheuen, alte baufällige Hochsitze abzureißen, anstatt sie als Unfallquelle und Ruine, die die Landschaft verschandelt, weithin sichtbar über Jahre stehenzulassen.

Jagd- und Schlafkanzeln werden auch fabrikmäßig *vorgefertigt* geliefert und können in einfacher Weise montiert und demontiert werden. Sie bestehen aus Holz, sind allseitig geschlossen und mit Sicht- und Schußmöglichkeiten nach allen vier Seiten ausgestattet. Die Sitzbänke sind verstellbar, die Tür hat ein Sicherheitsschloß.

Einige Firmen stellen auch leichte *transportable Ansitzleitern* her, die je nach Art des zu jagenden Wildes an verschiedenen Stellen aufgestellt werden können. Sie werden nicht nur aus *Holz,* sondern auch aus leichten *Stahlrohren* hergestellt und sind als an den Baum zu lehnende (s. Abb. 20 und 21 a/b) und freistehende Ein- oder Zwei-Mann-Sitze, doch auch als größere Kanzeln für zwei bis vier Personen gearbeitet. Die freistehenden Ansitzleitern sind breit gelagert und haben daher einen festen Stand. Streben und Nebenstreben sowie Anker, die mit Pfählen versehen sind, geben der ganzen Konstruktion größte Sicherheit. Die Teile sind miteinander verschraubt und leicht aufzubauen.

Die transportablen freistehenden Ansitzleitern nach Abb. 22 und 23 werden so hergestellt, daß die Abstrebung ca. 3,00 m gespreizt steht und damit der Leiter die notwendige Standsicherheit verleiht. Die Abstrebungen und Unterstützungen des Sitzes werden am sichersten durch Bolzen mit Unterlegscheiben und Flügelmuttern befestigt – nicht mit Nägeln.

Der Sitz wird etwa 50 cm tief bei 60 cm Breite hergestellt und muß so weit nach innen liegen, daß bei Belastung kein Übergewicht nach außen entsteht und die Leiter zum Umstürzen bringt. Die Leiter ist an ihrem Fuß ca. 1,00 m breit, oben nur 60 cm. Die Füße der Abstrebungen und auch die Leiter können zum Schutz gegen Abheben durch genügend lange eingeschlagene Pfähle, mit denen sie fest verbunden werden, gesichert werden. Beide Ansitzleitern haben etwa den gleichen Materialbedarf.

Links: Ansitzleiter, ca. 6 m hoch, an einen Baum gelehnt. Die Aufstiegleiter ist durch Kreuzverstrebung gesichert. – *Rechts:* Offene Kanzel an einer Schneisenkreuzung aus schwachen Fichtenstämmen, ungeschält. Die vierte Stehstange wird von einer starken Fichte gebildet

Interessante Ansitzleiter mit Innenaufstieg zwischen zwei abgeschnittenen Bäumen. Die Leiter ist mittig auf einem Riegel abgestützt

TAFEL 1

Links: Einfacher, später überdachter Hochsitz mit Geländer aus Stangenhölzern und abgestützter Leiter. Zwei Stehstangen des Hochsitzes werden von Buchenstämmen gebildet. – *Rechts:* Geschlossene Kanzel mit Austrittspodest ganz zwischen 2 Kiefern als Tragkonstruktion eingebaut und abgestrebt. Leiter dient als zusätzliche Abstrebung und hat als Verlängerung oben eine Handleiste

Links: Halboffene Kanzel nach Abb. 7 u. 8. – *Rechts:* Offene gedeckte Kanzel in einen großen Holunderstrauch hineingebaut

TAFEL 2

Links: Schlafkanzel in Plattenbauweise. Das sehr hohe Bockgerüst ist mit starken Stangen, die seitlich in das Erdreich führen, abgestrebt. Bei dieser großen Höhe muß die Leiter, wie hier, ein Schutzgeländer erhalten. – *Rechts:* Größere Kanzel auf sorgfältig verstrebtem Ständerwerk, außen mit Bitumenpappe verkleidet. Die Leiter ist abgestrebt und mit Schutzgeländer versehen

Diese aus vorgefertigten Teilen nach Abb. 9 gebaute Kanzel steht an einem freien Hang und ist wegen des starken Windes zusätzlich abgestrebt. Inzwischen sind Bäume und Strauchwerk herangewachsen und verdecken das Bockgerüst

Tiefsitz in einfachster Ausführung, feststehend

Vorratsschuppen bei einer Jagdhütte, als Anbau zwei Abteile für die Unterbringung von Hunden. Alles in einfach verschaltem Holzfachwerk

Links: Tonnen-Silo auf abgestrebtem Bock. – *Rechts:* Einzelfütterung für Rehwild mit Deckel, der von den Tieren selber zur Futterentnahme hochgeklappt wird

Selbsttätige Fütterung, von oben beschickbar mit Heuraufen. Futtertrog und Vorratbehälter sind nach Abb. 28 ausgeführt. Die Fütterung steht frei auf dem Boden

Fasanenschüttung aus schwachen Stangen an einer Böschung. Die Höhe beträgt ca. 60 cm. Die Stangen sind mit Reisig abgedeckt

Fasanenschüttung mit festem Dach aus Schalbrettern und Dachpappe. Zum Schutz gegen Verstreuen des Futters sind hochkantgestellte Bretter an die Pfosten geheftet

Künstlich angelegte Suhle aus Stahlbeton am Rande eines Fütterungsplatzes. Die Form ist unregelmäßig und paßt sich dem Baumbestand an. Das Regenwasser fließt im natürlichen Gefälle in die Suhle und bei Überfüllung auf der anderen Seite wieder hinaus

Baumstumpf als Salzlecke, stark benagt, wird hier mit Lehm-Viehsalzmischung beschickt

Windschutz massiv und mit Welleternit überdacht. Maschendrahtzaun an Winkeleisenpfosten. Geräte- und Vorratsraum unter Dach. Futterplatz in Beton. (Abb. 41)

Hundezwinger für mehrere Hunde mit geschlossenem Hundehaus, heizbar. Zaun: Baustahlgewebe in Stahlrohrrahmen. Rück- und Seitenwand: Ebene Eternitplatten. (Abb. 43)

Große Zwingeranlage mit massivem Hundehaus, offen. Trennwände Stahlkonstruktion halbhoch geschlossen, darüber Welldraht. Türen: Winkeleisen mit Welldraht. Zaun: Maschendraht. (Abb. 45)

Die an den Baum zu lehnenden Leitersitze sind mit dem Pkw leicht zu transportieren und haben Innenaufstieg, der sich in der Praxis gut bewährt hat. Das lästige Herumdrehen nach dem Aufstieg fällt hier weg. Man steigt hoch, klappt den Sitz nach vorn und setzt sich, während die Füße bequem auf die Leitersprosse gestellt werden können;

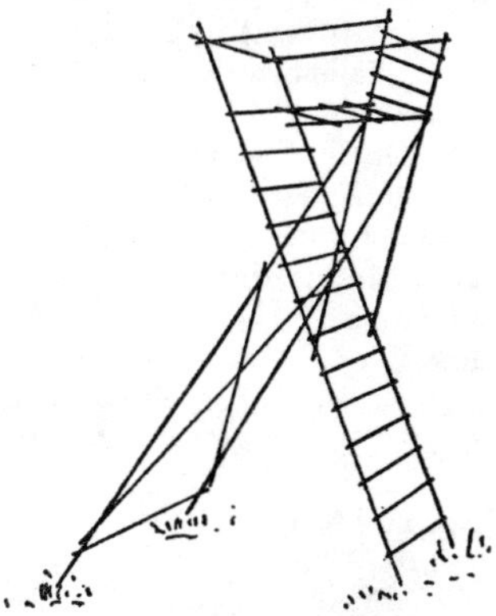

Abb. 22. Transportable Ansitzleiter mit Innenaufstieg – Schema –

Abb. 23. Transportable Ansitzleiter mit Außenaufstieg – Schema –

sollten diese nicht die angenehme Höhe haben, so bringt man tunlichst eine zusätzliche Sprosse an. Die Sitzbreite ist genügend groß, um sich auch ein wenig bewegen zu können.

Stahlrohr-Hochsitze sind in der Anschaffung etwas teurer, in der Haltbarkeit jedoch fast unbegrenzt.

Billige aber stabile Hochsitzgerüste kann der Jäger sich aus verzinkten Stahl-Gerüst-Rohren, die mit dazugehörigen Kupplungen zu verbinden sind, leicht selbst herstellen. Auch hier sind Verstrebungen einzubauen. Je nachdem wie hoch und breit das Gerüst angelegt ist, sind evtl. kleinere Betonklötze (60/60/60 cm) als Fundament für jeden Pfosten anzulegen. Bei nicht zu großer Höhe stellt man die Gerüstfüße auf lagerhafte Steine. Die notwendigen Holzverschalungen, Bodenplatte und Dach wird man mit Holzlaschen oder Eisenschellen mit der Rohrkonstruktion verbinden. Stahl-Gerüst-Rohre kann man gelegentlich von einem Gerüstbauunternehmen billig erhalten, wo für den Gerüstbau nicht mehr geeignete Teile aussortiert worden sind.

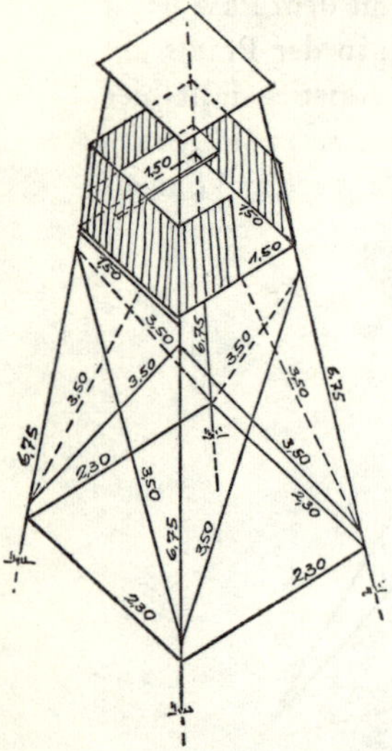

Abb. 24

Material-Bedarf für einen offenen, überdachten Hochsitz Plattform 1,20/1,20 m in 4,00 m Höhe

4 Eckstangen (durchgehend bis zum Dach)	6,75 m	Ø 15 cm
4 untere Riegel	2,30 m	Ø 10 cm
4 obere Riegel (Plattform)	1,50 m	Ø 10 cm
8 Streben (evtl. Halbhölzer)	3,50 m	Ø 10 cm
4 Brüstungsriegel	1,40 m	Ø 8 cm
1,70 m² Fußboden der Plattform		
4,00 m² Verkleidung der Brüstung		
2,30 m² Schalung für das Dach		
0,60 m² Bretter für Sitzbank		
2,50 m² Dachpappe		
2 Leiterholme	4,60 m	Ø 8 cm
18 Sprossen	0,50 m	Ø 6 cm
2 Abstrebungen	2,50 m	Ø 8 cm
1 Geländer		
dazu Bolzen und Nägel		

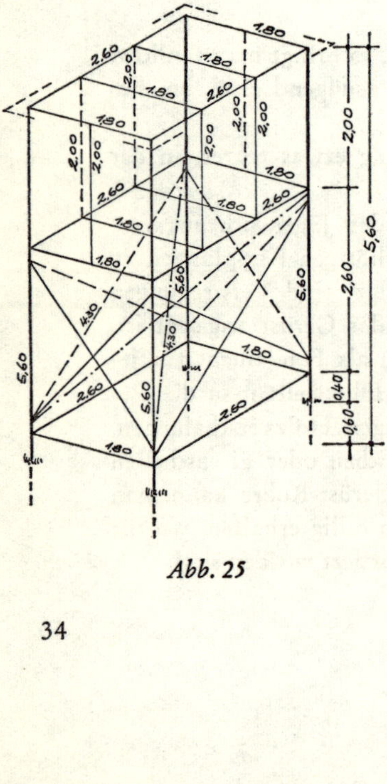

Abb. 25

Material-Bedarf für eine geschlossene Kanzel Plattform in 3,00 m Höhe (Schlafkanzel)

4 Eckstangen	5,60 m	Ø 15 cm
6 obere und untere Riegel	1,80 m	Ø 12 cm
4 obere und untere Riegel	2,60 m	Ø 12 cm
4 Streben	3,50 m	Ø 10 cm
4 Streben	3,00 m	Ø 10 cm
2 Kreuzstreben	4,30 m	Ø 10 cm
4 Dachriegel	1,80 m	Ø 10 cm
2 Dachriegel	2,60 m	Ø 10 cm
6 Zwischenpfosten	2,00 m	Ø 10 cm
18,00 m² äußere Verschalung, 23 mm		
1,70 m² Schalung für Schlafpritsche, 23 mm		
4,60 m² Fußboden der Plattform		
6,60 m² Schalung für das Dach		
7,00 m² Dachpappe (einfach) 500er		
20,00 lfdm Leisten, 3/5 cm		
2 Leiterholme	3,50 m	Ø 8 cm
15 Sprossen	0,50 m	Ø 6 cm
2 Abstrebungen	2,00 m	Ø 8 cm
1 Geländer		
dazu Bolzen und Nägel		

Material-Bedarf für eine Ansitzleiter
Sitz in 5,00 m Höhe

2 Leiterholme	5,60 m	Ø 12 cm
20 Sprossen	0,60 m	Ø 6 cm
2 Abstrebungen	3,00 m	Ø 8 cm
2 Kreuzverstrebungen	2,00 m	Ø 8 cm
2 Riegel für Sitz	1,00 m	Ø 8 cm
2 Riegel für Fußbrett	1,00 m	Ø 8 cm
2 Armlehnen	1,00 m	Ø 8 cm
3 Riegel für Baumbefestigung	0,80 m	Ø 8 cm
1 Sitzbrett, 0,80 m lang, 0,40 m breit		
1 Fußbrett, 0,80 m lang, 0,30 m breit, dazu Nägel		

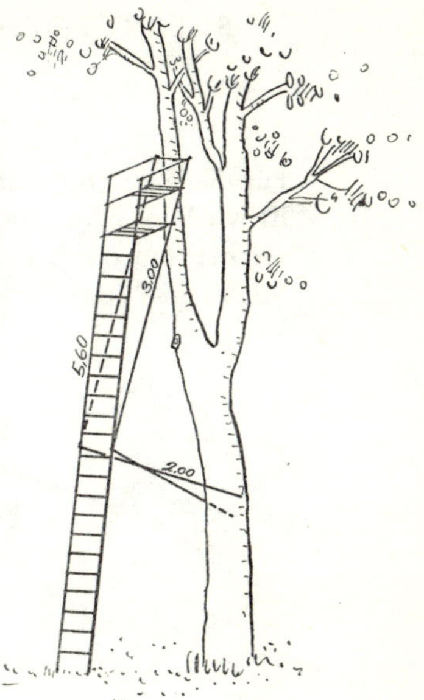

Abb. 26

Materialbedarf für eine transportable
freistehende Ansitzleiter
nach Abbildung 22 und 23

2 Stck. Leiterholme	4,50 m	Ø 8 cm
12 Stck. Sprossen	1,00 m	Ø 5 cm
2 Stck. Leiterabstrebungen	5,20 m	Ø 8 cm
2 Stck. Kreuzstreben	4,30 m	Ø 7 cm
1 Stck. Querstrebe	3,20 m	Ø 7 cm
2 Stck. Sitzabstrebungen	3,60 m	Ø 7 cm
2 Stck. Sitzriegel	0,85 m	Ø 7 cm
2 Stck. Armlehnen	1,00 m	Ø 5 cm
3 Stck. Sitzbretter	0,75 m 12 cm breit	
3 Stck. Rückenlehnen-Bretter	0,75 m 12 cm breit	

Bevor ein Hochsitz gebaut wird, muß die *Genehmigung* des Grundeigentümers eingeholt werden, damit nachträglich keine Schwierigkeiten entstehen.

Auch die Bauordnungen der Länder enthalten Vorschriften. Nach der Hessischen Bauordnung vom 31. 8. 1976 Abs. 17 beispielsweise „ist die Errichtung von ausschließlich der Jagd dienenden Vorratsschuppen für Wildfutter, Wildfuttersilos und Hochsitzen in Holzbauart mit einer Sitzraumfläche bis 3 m² innerhalb des Waldes genehmigungs- und anzeigefrei".

Da die Bauordnungen in den verschiedenen Bundesländern voneinander abweichen, sollte man in Zweifelsfällen bei der zuständigen Baubehörde der Kreisverwaltung Auskunft einholen.

SELBSTTÄTIGE UND NICHTSELBSTTÄTIGE FÜTTERUNGEN

Für die Winterfütterung wird der hegende Jäger Futterplätze anlegen. Er wird das Futter nicht einfach in den Schnee werfen, wo es das Wild zertritt und durch Losung verschmutzt, sondern überdachte und vor Schnee geschützte Futterplätze zur Aufnahme des Futters anlegen.

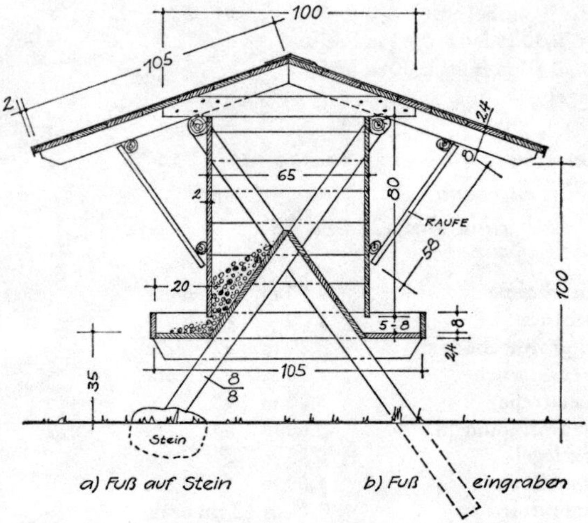

Abb. 27. Selbsttätige Rehwild-Fütterung

Wo das Revier nur seltener besucht werden kann oder die Futterplätze weiter entfernt von der Hütte liegen, kann z. B. bei hohem Schnee das Wild nicht in kurzen Zeitabständen mit Futter versorgt werden. Für diese Fälle eignet sich sehr gut die selbsttätige Vorratsfütterung. Der geschickte Jäger kann sie sich leicht mit einigen Stangen oder Kanthölzern und Brettern selbst bauen.

Es werden aus ca. 6/6 oder 8/8 cm starken Kanthölzern oder gleichwertigen geschälten Rundhölzern zwei feste Kreuze hergestellt. Zwei je 1,50 m lange Rahmenhölzer auf diesen Kreuzen tragen das leichte mit Pappe abgedeckte Bretterdach.

Futterkästen und Tröge der *selbsttätigen Rehwild-Fütterung* werden nach Abb. 27 ausgebildet. Die vorderen senkrechten Wände zieht man bis auf 5–8 cm über den Trog herunter, so daß das Futter hier durchtreten kann. Seitlich werden die Kästen verschalt und erhalten auf einer Seite im oberen Teil eine Öffnung mit Klappe zum Nachfüllen. Jeder Trog ist 20 cm breit, seitlich geschlossen und ca. 30–35 cm über dem Boden angeordnet. Für Rauhfutter kann man vor die beiden senkrechten Wände zusätzlich Raufen anbringen, die seitlich beschickt werden. Die Traufe des Daches ist etwa 0,90–1,00 m über dem Boden vorzusehen. Der ganze Bau wird etwa 1,50 m lang.

Futterkasten und Trog können noch einfacher nach Abb. 28 hergestellt werden. Hier ist der Futterkasten oben offen und wird auch von hier beschickt.

Die *selbsttätige Rotwild-Fütterung* kann ähnlich der Konstruktion Abb. 27 gebaut werden, nur daß die Tröge in 0,50 m Höhe angeordnet werden und die Traufe 1,70–1,85 m hoch liegt. Die Hölzer werden etwas länger und der Bretterbedarf größer.

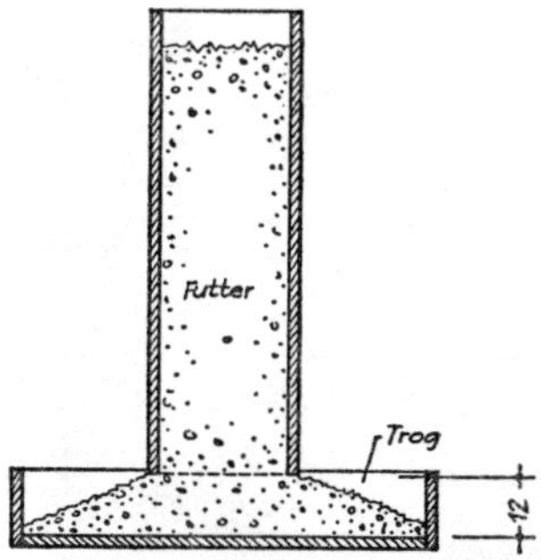

Abb. 28. Senkrechter Schnitt durch die selbsttätige Fütterung – Schema – siehe Photo auf Tafel 5

Leichter läßt sich diese Fütterung herstellen, wenn man sie nach der Abb. 30 baut und mit einem Pultdach versieht. Dadurch lassen sich verschiedene Traufenhöhen für Hirsche und Kahlwild sehr leicht erzielen. Die Maße sind aus der Zeichnung zu entnehmen. Der Bau ist etwa 1,50 m lang.

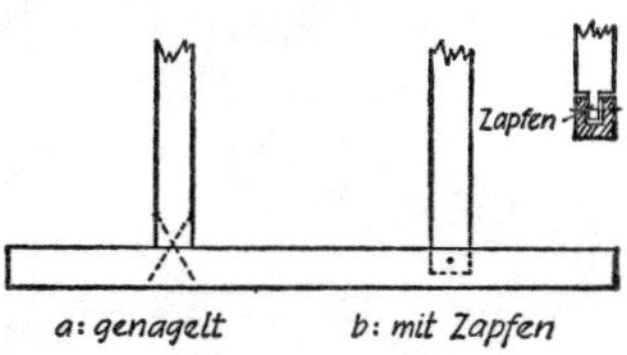

Abb. 29. Eichenholzriegel zur Vergrößerung der Standfestigkeit von Fütterungen und Befestigung der Stützenfüße

Sämtliche Fütterungen können auf lagerhaften Steinen stehen, oder die vier Standpfosten werden unten gut imprägniert und wie in Abb. 27b gezeigt, ca. 40 cm tief eingegraben. Günstiger ist jedoch die lose Aufstellung sämtlicher Fütterungen, damit sie leicht umgestellt werden können. In diesem Falle werden die Füße der Fütterungen Abb. 30, 31, 32 entweder nach Abb. 27a auf Steine gestellt oder auf eine Holzunterlage, die eine Verbreiterung zur besseren Standsicherheit bedeutet. Die Füße werden auf diesen Holzriegel, am besten Eiche, aufgesetzt und mit langen Nägeln oder durch Einzapfung fest mit ihm verbunden

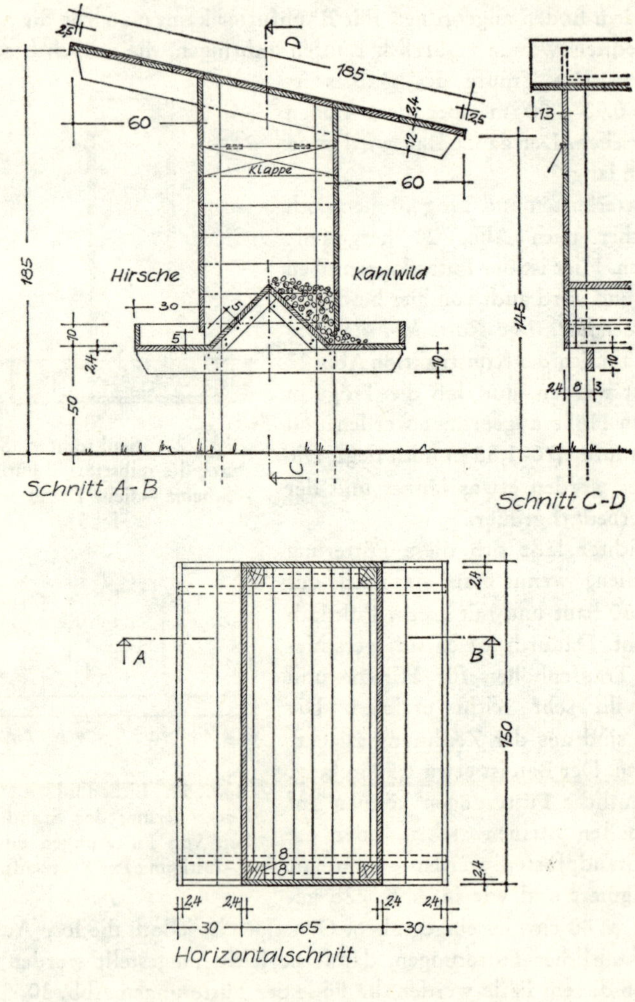

Abb. 30. Selbsttätige Rotwild-Fütterung

(s. Abb. 29). Da das Lagerholz ganz auf dem Erdreich aufliegt, muß es gut imprägniert oder zu gegebener Zeit ausgewechselt werden. Zur besseren Standsicherheit können alle Fütterungen außen gegen das Erdreich abgestrebt werden und wären, wo es die Konstruktion bedingt, gegen Kippen mit dem Boden zu verankern.

Bei der oft beschickten *nichtselbsttätigen Fütterung* wird über dem Trog kein Vorratskasten gebaut, sondern eine zweiseitige Raufe für Rauhfutter nach Abb. 31. Der Trog kann nach beiden Seiten durchgehen oder, wie in Abb. 32 dargestellt, zweiteilig sein. Allerdings besteht bei diesem leichter die Gefahr, daß das Futter schimmelt, da er schmaler ist und das Futter darin höher liegt.

Zweckmäßig ist es, Fütterungen mit Trögen in leichtem Gefälle aufzustellen, damit Regenwasser, das sich im Trog sammeln könnte, nach einer Seite durch Löcher abfließen kann.

Die Heuraufen sollten an den Seiten mit Stäben geschlossen werden, damit das Futter nicht in größeren Mengen herausgezogen und zertreten werden kann. Ebenfalls wird dadurch verhindert, daß das Wild evtl. in die Raufe hineinsteigt.

Rehwild-Fütterungen können auch fertig zum Zusammenbau bezogen werden.

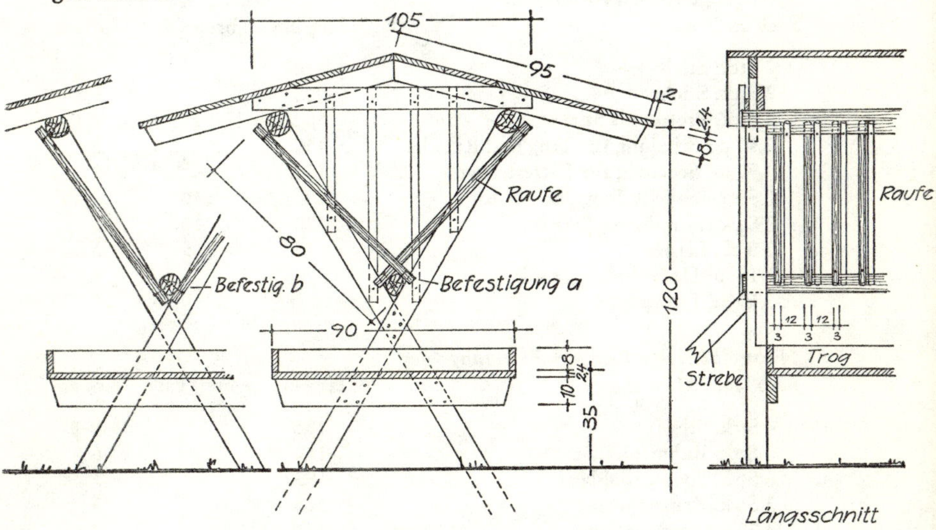

Abb. 31. Nichtselbsttätige Rehwild-Fütterung

Jedes Jahr im Herbst und auch im Laufe der Fütterungsperiode sollten die Fütterungen umgestellt werden. Die alte Futterstelle ist mit Ätzkalk zu bestreuen oder umzugraben, damit Parasiten abgetötet werden und keine *Krankheitsübertragung* erfolgen kann.

Material-Bedarf

Selbsttätige Rehwild-Fütterung
nach Abb. 27

	lang cm	breit cm	dick cm
4 Stck. Stiele	185		⌀ 6–8
2 Stck. Rahmenhölzer	150		⌀ 6
6 Stck. Sparrenbohlen	105	8	3
3 Stck. Zangenhölzer	100	8	3
3,65 m² Dachschalung, rauh	170		2,4
3,80 m² Schalung für Tröge, Kasten und Rutsche			2,4
2 Stck. Trog-Konsolbretter	105	8	3
4,00 m² Dachpappe			
4 Stck. Rundhölzer für Raufe	150		⌀ 4
20 Stck. Stäbe	58		⌀ 2–3

Selbsttätige Rotwild-Fütterung
nach Abb. 30

	lang cm	breit cm	dick cm
2 Stck. Stiele	210		8/8
2 Stck. Stiele	200		8/8
2 Stck. Bretter als Sparren	180	12	2,4
2,40 m² Schalung für Trog und Rutsche	150		2,4
4,90 m² Schalung für Futterkasten	150		2,4
2 Stck. seitliche Trogabschlüsse	125	10	2,4
2 Stck. Trog-Konsolbretter	120	10	3
2 Stck. Leisten	35	5	3
3,15 m² Dachschalung, rauh	170		2,4
3,50 m² Dachpappe			

Nichtselbsttätige Rehwild-Fütterung
nach Abb. 31

	lang cm	breit cm	dick cm
4 Stck. Stiele	180		⌀ 6–8
2 Stck. Rahmenhölzer	150		⌀ 6
6 Stck. Sparrenbohlen	95		3
3 Stck. Zangenhölzer	105	10	3
3,30 m² Dachschalung	170		2,4
1,75 m² Schalung für Trog	138		2,4

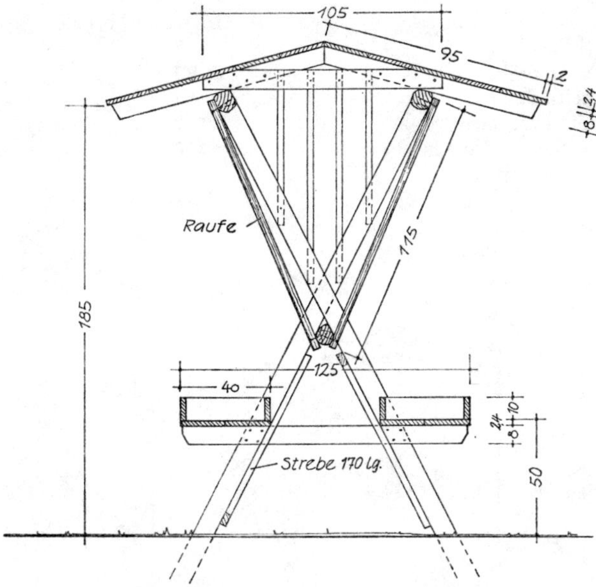

Abb. 32. Nichtselbsttätige Rotwild-Fütterung

	lang cm	breit cm	dick cm
2 Stck. Trog-Konsolbretter	88	8	3
1 Stck. Rundholz für Raufe	150		Ø 6
20 Stck. Stäbe	80		Ø 2–3
4 Stck. seitl. Stäbe	80		Ø 3
4 Stck. seitl. Stäbe	55		Ø 3
2 Stck. äußere seitliche Streben	100		Ø 8
3,60 m² Dachpappe			

Nichtselbsttätige Rotwild-Fütterung nach Abb. 32	lang cm	breit cm	dick cm
4 Stck. Stiele	250		Ø 6–8
2 Stck. Rahmenhölzer	150		Ø 6
6 Stck. Sparrenbohlen	95		3
3 Stck. Zangenhölzer	105	8	3
3,30 m² Dachschalung	170		2,4
1,70 m² Schalung für Tröge	138		2,4
2 Stck. Trog-Konsolbretter	125	10	3
1 Stck. Rundholz für Raufe	150		Ø 6

	lang cm	breit cm	dick cm
20 Stck. Stäbe	115		∅ 2–3
4 Stck. seitl. Stäbe	90		∅ 3
4 Stck. seitl. Stäbe	65		∅ 3
2 Stck. Streben, innen	170		∅ 5
2 Stck. äußere seitliche Streben	130		∅ 8
3,60 m² Dachpappe			

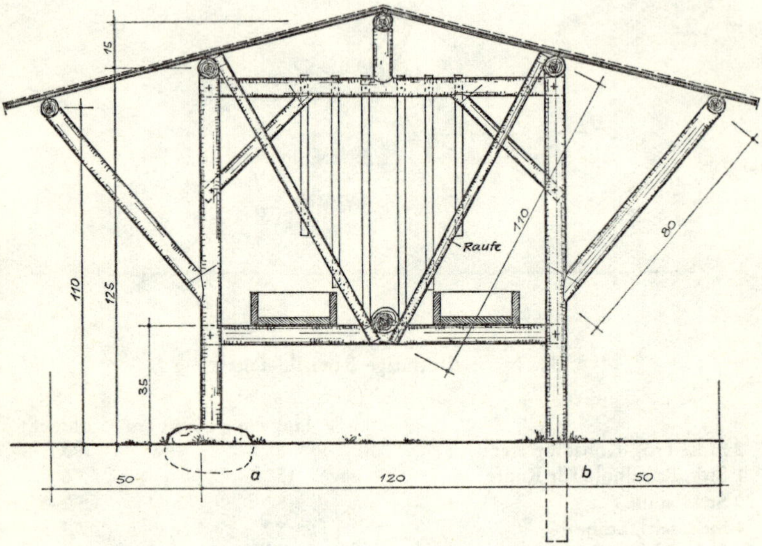

Abb. 32a. Schema einer Rotwild- oder Rehwildfütterung

Standfeste Konstruktion aus schwachen Rundhölzern allseitig abgestrebt, verschalt und mit Dachpappe abgedeckt. Diese Fütterung eignet sich bei einer Traufhöhe von 1,90 m und einer Troghöhe von 0,50 m für Rotwild und in kleinerer Ausführung bei einer Traufhöhe von ca. 1,20 m und einer Troghöhe von ca. 0,35 m für Rehwild. Die Hölzer haben Durchmesser von ca. 6 bis 8 cm. Die Pfosten können a. auf lagerhaften Steinen stehen oder b. eingegraben werden

Fütterungen für Fasanen werden möglichst an windgeschützten lichten und sonnigen Stellen gebaut, doch so, daß die Fasanen ihre Feinde rechtzeitig erkennen können. Auf niedrigen Pfählen und Stangen wird ca. 50 cm über dem Boden ein Dach aus Nadelholzreisig von etwa 4–6 m^2 Fläche befestigt. Es kann aber auch ein mit Pappe abgedecktes Bretterdach auf die niedrige Stützkonstruktion montiert werden. Das Dach erhält leichtes Gefälle. Der Boden der Schüttungen wird gelockert und mit Spreu oder Druschabfall bedeckt, darüber wird das Futter geschüttet und mit der Spreu untermischt.

Futterstellen für Rebhühner werden im freien Feld in der Nähe der Lagerplätze angelegt. Für die Anlage eignen sich windgeschützte Hekken oder Strauchgruppen oder aus Fichtenreisig hergestellte Schirme, in deren Nähe sich keine Bäume befinden.

Für Wildenten werden an geschützten Stellen im Schilf und Weidendickicht Bruthütten aufgestellt. Auf vier Ständern, die in den Seegrund geschlagen werden, wird aus Brettern eine Plattform ca. 15 cm über dem Wasser (bei wechselnden Wasserständen höher als der höchste Normalstand) gebaut. Darauf wird ein Holzhäuschen mit vier Wänden und einem Sattel- oder Flachdach gestellt, das einen für die Ente passenden Einschlupf erhält. Dem gleichen Zweck dienen geflochtene Brutkörbe, die auf ähnliche Art ausgebracht werden.

Die Bruthütte könnte allerdings auch auf einem schwimmenden verankerten Podest stehen.

Ein Vorratschuppen ist bei größerem Wildbestand notwendig, damit das Futter nicht zu jeder Fütterung erst weit herangeschafft werden muß. Er kann am Fütterungsplatz stehen oder im Bereich der Hütte.

Dieses einfache Gebäude nach Abb. 33 ausgeführt, wird als leichtes verstrebtes Fachwerk aus Rund- oder Kanthölzern hergestellt, das außen mit Brettern verschalt ist. Eine Fensteröffnung kann vorgesehen

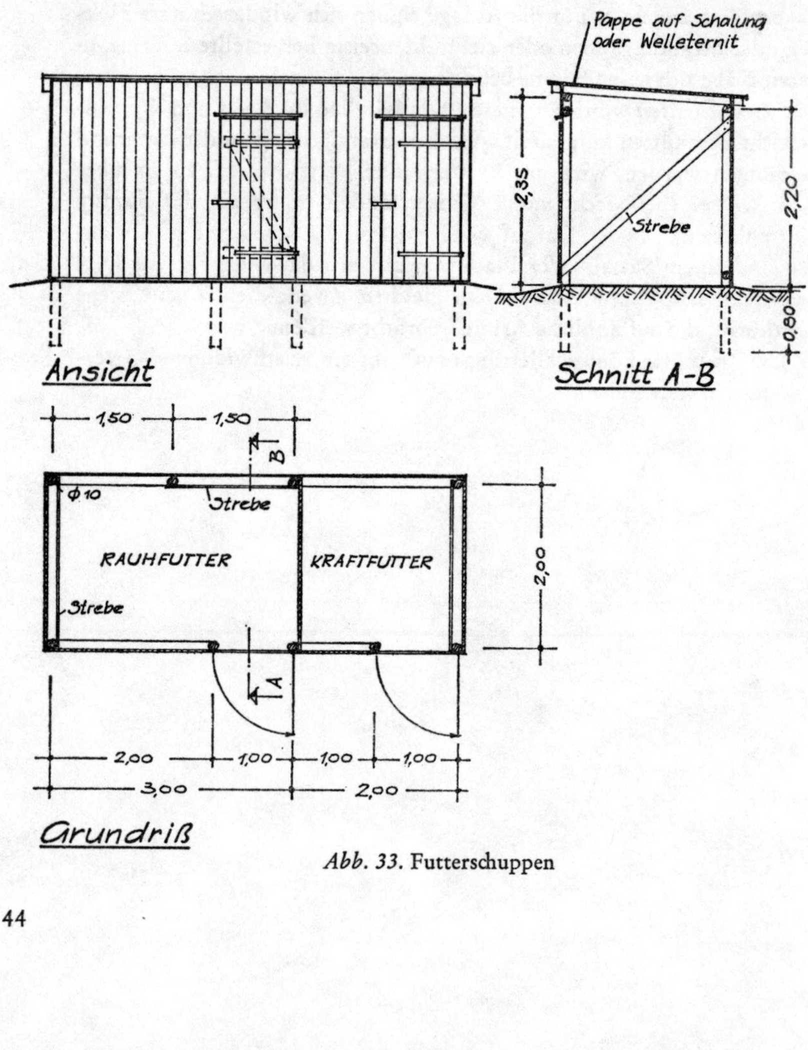

Abb. 33. Futterschuppen

sein; sie wird durch einen von innen fest verriegelbaren Klappladen verschlossen. Der Schuppen erhält ein Pult- oder Satteldach mit Welleterniteindeckung oder mit Schalbrettern, die mit einer Bitumendachpappe 500 abgedeckt sind. Wird die Pappe nicht ordentlich genagelt und verklebt, wäre es bei diesem untergeordneten Bau auch angebracht, sie mit Leisten auf die Dachschalung zu nageln, wobei die Kanten gegen Hochheben durch Wind besonders zu schützen sind.

Dieser Futterschuppen könnte einen größeren Raum für Heu und einen kleineren für Kraftfutter erhalten. Steht der Schuppen bei der Jagdhütte, würde es sich anbieten, hier auch einen Teil für den Aufenthalt von Hunden einzurichten. Im Photo auf Tafel 4 sind zwei Boxen für Hunde an den vorhandenen Vorratschuppen angebaut worden.

Da auch dieser einfache Bau etliche Jahre stehen soll, muß ihm ein sauberes Äußeres gegeben werden. Es ist notwendig, daß sämtliches Holz ohne Rinde verbaut wird und sorgfältige Imprägnierungsanstriche erhält. Die im Erdreich stehenden Pfosten sind ganz besonders sorgfältig gegen Fäulnis zu schützen. Die Türen erhalten sichere Schlösser.

SILO FÜR DIE ZUBEREITUNG VON WILDFUTTER

In neuerer Zeit wird immer häufiger Silage für die Winterfütterung verwendet. Sie kann in ortsfesten, massiven Silos aus Stahlbeton oder Ziegelmauerwerk zubereitet werden. Besser zu handhaben und vor allen Dingen nicht ortsgebunden sind leichte Silos aus Holz oder Kunststoff, die man stets in dem Bereich der Fütterung aufstellen kann.

Am einfachsten ist die Zubereitung von Gärfutter in alten Holzfässern, die notfalls mit Folie ausgekleidet werden. Das fertige Futter wird dem Wild in diesem Faß angeboten, das auf einen hölzernen Bock gelegt wird, etwa wie auf dem auf Tafel 5 gezeigten Photo. Die Faßdeckel werden aufgeschlagen, so daß das Wild auf beiden Seiten das Futter äsen kann. Die Methode hat sich bei der Herstellung von Silage aus Obsttreber besonders bewährt. Bei diesen Faßsilos besteht bei anderer Füllung aber leicht die Gefahr, daß das Futter wegen der verhältnismäßig geringen Menge nicht genügend Eigenwärme erzeugt und verdirbt.

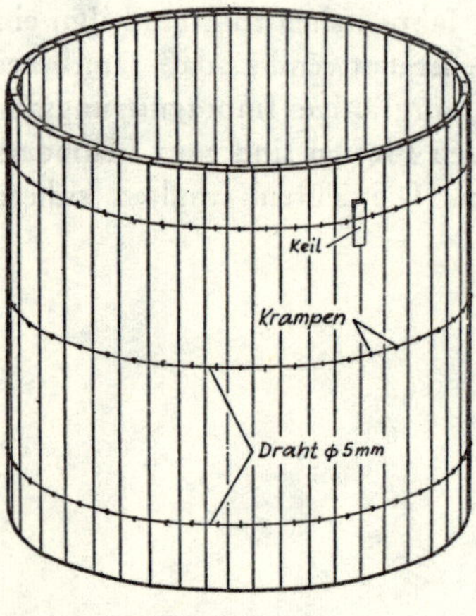

Abb. 34. Holzsilo mit 3 Reihen Draht umspannt, 1,20 m hoch

Einen *Silo aus Holz* kann man sich sehr leicht nach Abb. 34 selber bauen. Es werden dafür möglichst schmale, höchstens 10 cm breite Bretter von 30–40 mm Dicke verwendet, die parallel besäumt und einseitig möglichst gehobelt und mit einem geruchlosen ungiftigen Imprägnierungsmittel gestrichen sein sollten. Diese ca. 1,20 m langen Kiefernbretter werden in einer Reihe nebeneinander ausgelegt, so daß die gehobelte Seite unten liegt. Darüber werden in drei Reihen Drähte von ca. 5 mm Durchmesser gelegt (15 cm von der unteren und der oberen Kante entfernt und in der Mitte), die mit je einer Krampe an jedem Brett befestigt werden. Die Wand wird sodann aufgerichtet und zu einer Röhre fest zusammengezogen, so daß die Drähte außen liegen. Jedes Drahtende wird mit seinem anderen Ende möglichst fest verrödelt. Um dem ganzen Behälter mehr Spannung zu geben, werden zwischen Draht und Holz flache Keile getrieben, wobei die Keile zweckmäßig auf den Fugen angesetzt werden. Zwischen den Brettern entstehen außen, wenn die Bretter für diesen Zweck nicht besonders konisch zugeschnitten oder gehobelt sind, Fugen, die aber belanglos sind, da der Holzsilo zur Abdichtung notfalls innen mit einer Folie als Luftabschluß und gegen Durchsickern von Flüssigkeit ausgekleidet wird. Die Folie wird über die beiden äußeren Ränder gezogen und außen mit Unterlegscheiben aus Kunststoff und Pappnägeln angeheftet; s. Abb. 35. 40 Bretter von 10 cm Breite ergeben einen Silo von ca. 1,28 m Durchmesser. Das Fassungsvermögen liegt für 1,20 m Höhe bei etwa 1,30 cbm. Der Deckel wird aus den gleichen Brettern hergestellt und oben mit Folie abgedeckt, worüber Querleisten genagelt werden. Er sollte den Silo allseitig ca. 5 cm überragen, so daß das Regenwasser sicher abtropfen und nicht in den Silo gelangen kann. (Für das Auskleiden des Silos darf keine Teer- oder Bitumenpappe verwendet werden.)

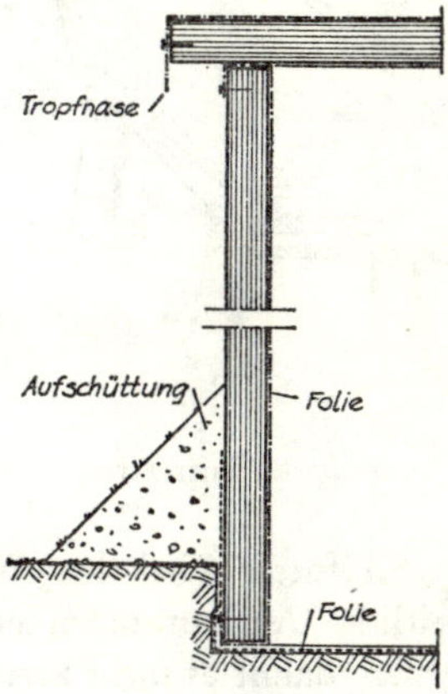

Abb. 35. Senkrechter Schnitt durch den Holzsilo mit Deckel

Man kann ähnlich große *Silos* auch aus einer 4–6 mm dicken *Kunststoffplatte* herstellen. Diese Platte könnte z. B. 1,00 m breit und 5,00 m lang sein und würde zu einer Röhre gezogen und am Stoß, bei einer Überlappung der Plattenenden von etwa 10 cm, mit Messingschrauben und Unterlegscheiben verschraubt. Da Kunststoff bei guter Behandlung fast unbegrenzte Lebensdauer hat, kann dieser Silo preiswert sein, obwohl er in der Anschaffung gegenüber dem Holzsilo vielfach teurer ist.

Ein Silo muß aber nicht unbedingt kreisrund hergestellt werden. Genauso kann man ihm einen quadratischen Grundriß geben. Dazu werden aus trockenen Schalbrettern von 24–30 mm Dicke vier gleichgroße Platten von je 1,00 m Länge und 1,20 m Höhe hergestellt. Die Bretter werden eng aneinandergepreßt und auf zwei 100 mm breite und 40 mm dicke Querleisten mit je zwei Nägeln genagelt. Diese Platten werden sodann zu einem quadratischen Behälter zusammengenagelt oder -geschraubt. Die Ecken müssen besonders sorgfältig gesichert werden, damit später beim Einstampfen der Silage der Behälter nicht auseinandergedrückt wird. Es werden zweckmäßig über die Ecken der Querleisten längere Stahlwinkel geschraubt, die dem Silo entsprechenden Halt geben. Evtl. könnten am oberen und am unteren Rand ringsumlaufende Stahlbänder geschraubt werden. Damit innen die Ecken nicht so scharf sind, wird man sie mit Dreikantleisten ausfüllen. Sonst wird alles wie beim besprochenen runden Holzsilo durchgeführt.

Abb. 36. Futtertrog

Holz- oder Kunststoffsilos werden ca. 10 cm tief in den Boden gelassen und auf eine Folie nach Abb. 35 gesetzt, die nach unten den Abschluß bildet. Sodann wird Erdreich rund um den Silo angeschüttet, wodurch eine ausreichende Abdichtung erzielt wird.

Silofutter wird dem Wild auf 30–40 cm hohen *Futterbänken*, die seitliche Aufkantungen erhalten, oder in *Trögen* nach Abb. 36 gegeben, damit es nicht zertreten und verschmutzt wird. Über die Wahl der Futtermittel zur Verwendung im Silo und die Zubereitung der Silage sollte man vorher genaue Erkundigungen einholen, damit das Futter einwandfrei aufbereitet werden kann und keine Enttäuschungen die Folge sind.

SALZLECKEN

Für das Wohlbefinden und die Widerstandskraft des Wildes gegen Krankheiten sind Salzlecken am Wechsel vom Einstand zur Fütterung anzulegen. Dazu kann man guterhaltene Baumstümpfe mit der Axt aushöhlen und in der Höhlung den Salzleckstein auslegen. Es können auch Stämmchen von 10–15 cm Stärke etwa einen bis zwei Meter über dem Boden abgeschnitten werden. Der Stein wird daraufgelegt und mit seitlich angenagelten Leisten gehalten (s. Abb. 37). Verwendet man loses Salz oder kleinere Salinen-Salzbrocken, so kann es ratsam sein, um das obere Ende des Leckpfahles einige Bretter so anzunageln, daß sie einen kastenförmigen Behälter bilden. Auch ein aufgenageltes Kistchen, in dessen Boden einige Löcher gebohrt sind, erfüllt seinen Zweck. Eine andere Befestigungsart besteht darin, daß man die Stange oben spaltet und den Salzleckstein einklemmt (s. Abb. 38). So zieht das Salz im Pfahl nach unten und kann von den Tieren durch Belecken oder Benagen aufgenommen werden. Man vermeidet dadurch das ungünstige direkte Aufnehmen vom Salzblock.

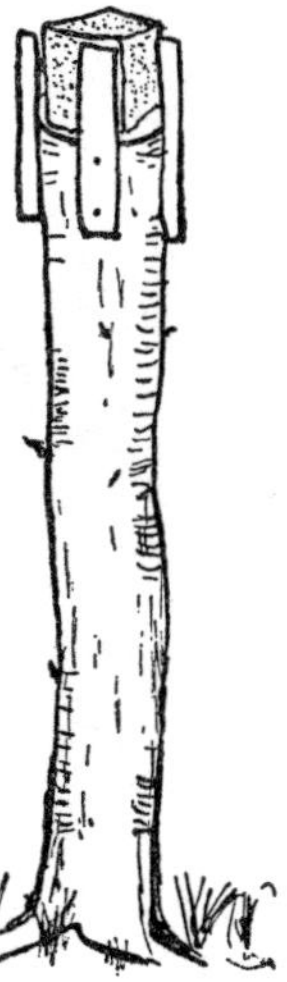

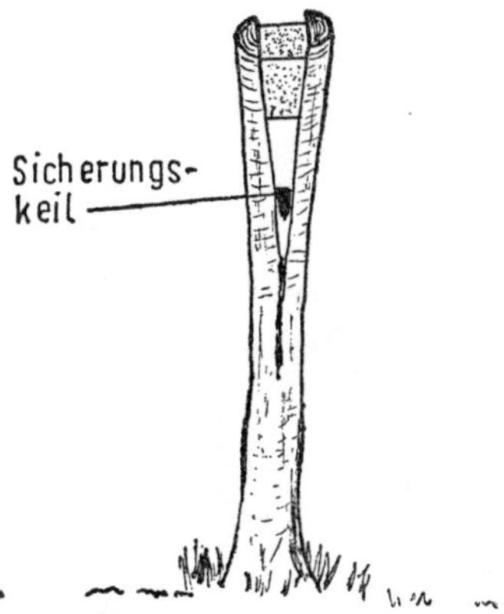

Abb. 37 (links).
Abb. 38 (rechts).
Salzlecken

Fehlen in einem Hochwildrevier natürliche Suhlen, wird der Jäger an geeigneter Stelle künstliche Suhlen anlegen. Der Standort sollte so gewählt werden, daß die Sonne das Wasser nicht zu rasch verdunstet – es müßten auf der Sonnenseite Sträucher oder Bäume stehen oder angepflanzt werden. Wenn möglich, wird die Suhle so hergerichtet, daß

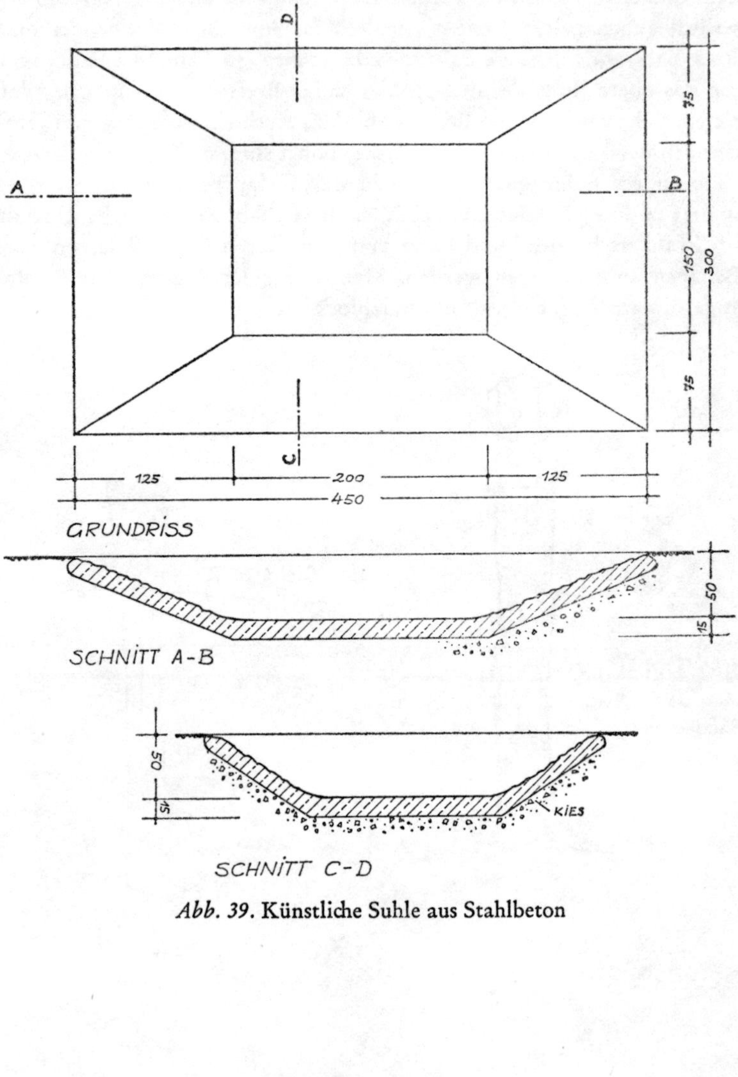

Abb. 39. Künstliche Suhle aus Stahlbeton

bei Regen Oberflächenwasser in natürlichem Gefälle in die Suhle fließt; sonst muß das Wasser mit Fässern angefahren werden.

Der Platzbedarf für die ganze Suhle nach Abb. 39 ist etwa 4,50 × 3,00 m. Der Boden der Wanne liegt ungefähr 0,50 m tief im Erdreich, ist etwa 2,00 m lang und 1,50 m breit. Er steigt nach allen vier Seiten an und geht in den umliegenden Boden über. Auf der langen Seite kann das Gefälle flacher sein, damit das Ein- und Aussteigen bequemer ist. Natürlich können diese Maße auf das eigene Revier abgestellt und variiert werden. Ist das Erdreich ausgehoben, wird aus sorgfältig gemischtem Beton im Verhältnis 1:5 (1 Schaufel Zement auf 5 Schaufeln mittelgroben Kies) die Wanne gegossen. Der Boden und die Schrägen müssen mindestens 12—15 cm dick sein. Damit die Wanne wirklich jahrelang ihren Zweck erfüllen kann und dicht bleibt, wird sie mit Rundeisen bewehrt. Dafür eignet sich Baustahlgewebe „Q 92", das der Form der Wanne angepaßt wird. Man muß darauf achten, daß die Eisen gut im Beton eingebettet sind und nirgends herausstehen. Die Kehlen im Beton und die oberen Ränder sind nicht scharf eckig, sondern flach-rund auszuführen. Ist die Form im groben fertiggestellt und der Beton überall festgestampft, wird er mit dem Brett abgerieben. Die Schrägen versieht man am besten mit kleinen Stufen oder Unebenheiten, damit das Wild beim Ein- und Aussteigen nicht ausrutscht, sondern einen sicheren Stand hat. Es ist zweckmäßig, dem Beton das Dichtungsmittel „Ceresit" zuzusetzen, damit später das Wasser des Schlammbades nicht durch die Wandungen der Wanne durchsickern kann.

Bei starkem Sonnenschein ist unbedingt darauf zu achten, daß der frische Beton nicht zu rasch austrocknet, ohne Zeit zum ordentlichen Abbinden zu haben. Er muß daher über ca. 3 Tage regelmäßig angefeuchtet werden. Evtl. deckt man die Wanne mit Säcken ab, damit die Feuchtigkeit länger gehalten wird.

Hat der Beton abgebunden, kann die Suhle mit Lehm, Mutterboden usw. und Wasser gefüllt werden.

Es empfiehlt sich, vor Einbringen des Betons unter die ganze Wanne eine ca. 20 cm dicke grobe Kiespackung zu schütten, damit die Betonwanne bei Frost nicht hochfriert.

Grundsätzlich sollten alle Gebrauchshunderassen in größeren offenen Zwingern gehalten werden. Es kann auch ein abgeschlossener Garten oder ein Hofraum sein, in dem die Hütte aufgestellt wird. Der Hund soll hier Auslauf und auch im Winter viel Bewegungsraum im Freien haben, um sich zu erwärmen und damit er nicht verweichlicht und nicht nur Herz, Lunge und Läufe gesund und kräftig bleiben, sondern auch der Geruchssinn gepflegt wird. Bei zu kleinem Auslauf kann die Muskulatur des Hundes sich weder entwickeln noch erhalten.

Die Zwingeranlage soll an einem Platz angelegt werden, an dem die Hunde von fremden Personen nicht gereizt oder gefüttert werden können. Besonders ist darauf zu achten, daß Nachbarn in ihrer Ruhe nicht gestört oder durch starke Gerüche aus dem Zwinger belästigt werden. Zweckmäßig ist es, ihn so anzulegen, daß man ihn von der Wohnung überblicken und den Hund jederzeit anrufen kann.

Durch bundeseinheitliche Rechtsverordnung zum Tierschutzgesetz, die am 1. Januar 1975 in Kraft trat, wird die Zwingerhaltung der Jagdgebrauchshunde geregelt. Die baulichen Erfordernisse sind hier berücksichtigt.

Für einen mittelgroßen über 20 kg schweren Hund ist eine Mindestauslauffläche von 6 m^2 erforderlich; für jeden weiteren in demselben Zwinger gehaltenen Hund sind 3 m^2 hinzuzurechnen. Für große Hunderassen sollte der *Freiauslauf* mindestens 15 bis 20 m^2 betragen und in jedem Falle so zur Himmelsrichtung liegen, daß er im Winter wenigstens teilweise direktes Sonnenlicht erhält, da es der Gesundheit förderlich ist. Im Sommer muß allerdings auch ein schattiger Platz vorhanden sein. Zur *Einzäunung* eignet sich starker verzinkter Maschendraht von ca. 1,50 bis 2,00 m Höhe je nach Hunderasse. Am oberen und unteren Rand des Maschendrahtes, bei höheren Zäunen auch in der Mitte, werden verzinkte Drähte gespannt, die den Maschendraht straffhalten. Die Pfosten können aus Stahlrohren oder anderen Stahlprofilen hergestellt sein oder aus Rund- oder Kantholz. Holzpfosten erhalten im Bereich des Erdbodens und mindestens 30 cm darüber mehrmalige Konservierungsanstriche oder werden einige Tage in ein mit Schutzstoff gefülltes Faß gestellt. Stahlpfosten stehen in ca. 80 cm tiefen und 25/25 cm großen Betonfundamenten. Sie werden entrostet und mit einem Rostschutzanstrich und zweimaligem farbigem Anstrich versehen. Damit sich der Hund nicht unter dem Zaun durchgräbt, wird ein Zinkdrahtgewebe ca. 40 cm tief unter dem Zaun in der Erde eingegraben. Es kann aber auch bis zu dieser Tiefe ein ca. 10 cm dicker Betonsockel angelegt werden, der noch 15 cm aus dem Boden ragt. Das hat den Vorteil, daß der Maschendraht nicht bis auf das Erdreich geführt werden muß. Er würde sonst zu bald korrodieren und repariert werden müssen. Statt eines an Ort und Stelle zu betonierenden Sockels können bei allen Zwingeranlagen auch Raseneinfaßplatten als Zaunsockel verwendet werden. Als Ersatz für Maschendraht bietet sich auch das leicht zu verarbeitende Baustahlgewebe an. Es kann in Rohr- oder Winkeleisenrahmen eingeschweißt werden oder an witterungsunempfindlichen Eichenpfählen befestigt werden, wobei die Stöße auf dem Pfahl – nicht im Feld – vorzusehen sind. Für kleine Hunde würde das engmaschige Baustahlgewebe mit 5/5 oder 7,5/7,5 cm Drahtabstand, für große Hunde mit 15/15 cm Drahtabstand gewählt werden. Da Baustahlgewebe nicht verzinkt ist, sollte es einen Rostschutz (kein Bleimennige) und evtl. mehrere Farbanstriche erhalten, weil es sonst mit der Zeit durchrostet. Die Matten messen 5,00 × 2,15 m, sind also hoch genug, um sie 20 bis 40 cm in den Erdboden einlassen zu können, damit Hunde sich nicht darunter durchgraben können. Es wäre sehr zu empfehlen, den eingegrabenen Teil und noch 10 cm darüber mehrmals dick mit Bitumenmasse zu streichen, nachdem das Baustahlgewebe mit der Drahtbürste gut von anhaftendem Rost befreit wurde. Der Hund darf den Zaun weder überspringen noch überklettern können. Für spring- und kletterfreudige Hunde müßte das Baustahlgewebe oder der Maschendraht oben ca. 40 cm zum Zwinger hin in einem Winkel von etwa 45° abgebogen werden, oder er müßte oben mit Draht überspannt werden. Man kann auch die Pfosten unter ca. 45° nach innen abwinkeln und hier 2 oder 3 Reihen glatten, verzinkten Draht in etwa 10 cm Abstand voneinander spannen. Stacheldraht ist an der gesamten Zwingeranlage für keinerlei Zwecke zu verwenden. Ebenso dürfen keine Drahtenden in den Zwinger ragen. Überhaupt sind für die gesamte Zwingeranlage Bauteile und evtl. Farbanstriche nur aus gesundheitsunschädlichen Materialien zu verwenden.

Baustahlgewebematten können gegen Aufpreis in jede gewünschte Größe geschnitten geliefert werden (praktisch z. B. für den Bau kleinerer Boxen und die Ausfüllung von Türrahmen). Durch die Steifheit des Baustahlgewebes entfällt das lästige Drahtspannen wie beim Maschendrahtzaun. Nie darf die Zwingeranlage vollkommen geschlossen und „undurchsichtig" hergestellt werden. Mindestens nach einer Seite ist Sicht nach außen zu belassen.

Die Tür zur Zwingeranlage darf nur nach innen aufgehen und erhält ein abschließbares Schloß.

An der Wetterseite des Zwingers muß eine Wand aus Brettern, Welleternit, ebenen Eternit- oder Kunststoffplatten als Windschutz gebaut werden. Evtl. wird bei der Stadtwohnung wegen der Belästigungsgefahr eine massive Abgrenzung zum Nachbarn notwendig. Mit dem ca. 2,00 m hohen Windschutz wird eine *Teil-Überdachung* verbunden, die durch eine Holz- oder eine leichte Stahlkonstruktion aus Winkeln oder Rohren gebildet wird. Sie kann aus Welleternit, Kunststoffwellplatten oder einer Verschalung mit Pappeeindeckung her-

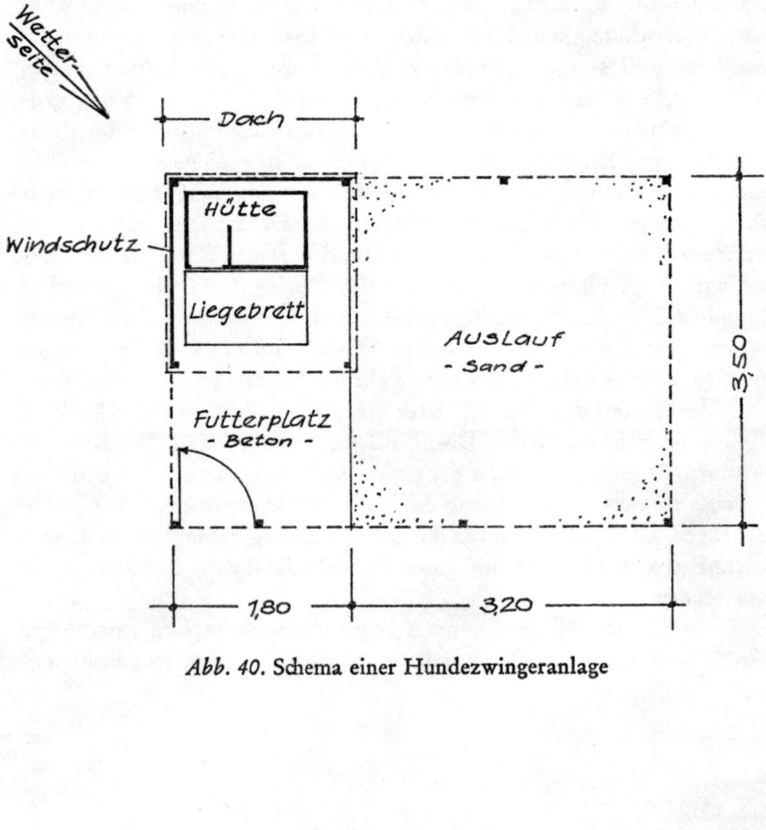

Abb. 40. Schema einer Hundezwingeranlage

gestellt werden. Das Dachgefälle ist so einzurichten, daß das Regenwasser nicht in den Zwinger abfließt; evtl. wird eine Dachrinne aus Blech oder Kunststoff vorgehängt.

Unter der Überdachung ist der Liegeplatz des Hundes, wo auch die Hütte steht. Der Boden unter der Überdachung und ein zusätzlicher nichtüberdachter Teil der Zwingeranlage werden nach Abb. 40 als

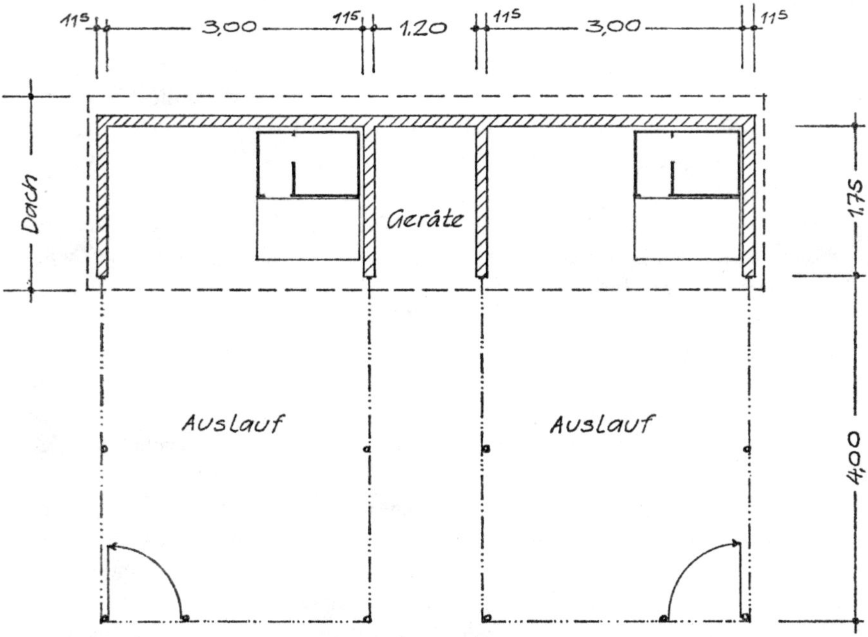

Abb. 41. Einzelzwinger oder – wie hier kombiniert – Doppelzwinger. Schutzwände dreiseitig gemauert und überdacht. Zaun: Maschendraht. Unter überdachtem Teil Geräte- und Vorratsraum (s Photo auf Tafel 8)

Futterplatz durch eine etwa 10 cm dicke, glatt abgezogene Betonplatte oder durch Gehwegplatten befestigt. Damit der Hund beim Liegen vor Bodenkälte geschützt ist, wird vor den Einschlupf zur Hütte ein seiner Größe entsprechender Holzrost oder eine Holzplatte gelegt. Man kann den Holzrost auch erhöht mit vier Füßen als niedrige Bank bauen, so daß der Hund erhöht liegen und bei starkem Sonnenschein sich darunter zurückziehen kann, ohne die Hütte aufsuchen zu müssen. Der Boden darunter dürfte allerdings nicht aus Stein sein. Diese Bank empfiehlt sich bei einer mit Steildach gebauten Hütte. Holzrost und Betonplatte lassen sich gut reinigen und desinfizieren. Da viele Hunde sich insbesondere im Sommer nicht auf die Holzplatte, sondern auf den kühlen Betonboden legen und deshalb z. B. rheumagefährdet sind, empfehlen Tierärzte statt Betonboden das Auslegen des Futterplatzes mit Ziegelsteinen oder Asphalt-Stampfplatten, allerdings nicht an von der Sonne stark beschienenen Stellen, da Asphalt die Wärme sehr stark speichert. Regenwasser muß an geeigneter Stelle versickern können.

Der freie Teil der Zwingeranlage ist gewachsener Boden (evtl. mit Sandschicht). Ein kleiner Teil wird mit Torf oder Sägemehl bestreut, dort näßt die Hündin bevorzugt, und der übrige Teil bleibt sauber; ein Pfahl in der Mitte dieses Platzes wird für den Rüden bald ein „Stammbaum". Der dort liegende Torf und darunter ein tiefer Spatenstich Erdboden sind etwa alle zwei Monate zu erneuern. Der Zwinger muß regelmäßig gereinigt, evtl. mit frischem Sand versehen und desinfiziert werden. Bei mehreren Hunden sind mindestens einmal monatlich Holzteile und Steinboden mit heißem Seifenwasser zu scheuern und mit klarem heißem Wasser, dem man z. B. „Lysoform" zugesetzt hat, nachzuspülen. Im Winter wird man für die Reinigung nicht gerade Frostwetter wählen, sondern einen milden Tag abwarten. Jährlich zweimal sollte der ganze *Auslauf* tief umgegraben werden, damit sich an der Erdoberfläche keine Krankheitserreger oder Parasiteneier ansammeln können. Wenn sich bei Regen im Auslauf regelmäßig zuviel Wasser sammelt, das nur sehr langsam versickert und zu unangenehmer Schlammbildung führt, sollte man den Boden etwa 50 cm tief ausheben, 30 cm groben Kies oder Schotter einfüllen und obenauf eine 20 cm dicke Sandschicht einbringen.

Für die Anlage eines Hundezwingers gibt es die verschiedensten Varianten. Es muß jeweils nach der Örtlichkeit entschieden werden, wie groß die Fläche des Auslaufs, die Abmessung der Schutzwand oder des Daches gehalten werden kann, ob der Zaun aus Draht oder als massive Wand ausführbar ist oder gar ein Hundehaus gebaut werden kann.

Die *Hundehütte* (s. Abb. 44a/b) ist für den Hund Nachtlager und Aufenthaltsort bei schlechtem Wetter. Steht sie im Freien, muß die Eingangsöffnung der Wetterseite abgewandt und gegen Wind und Niederschlag abgeschirmt sein. Am besten steht sie wind- und wettergeschützt unter einer Überdachung und soll den Hund vor Kälte und Hitze, Zugluft und Feuchtigkeit schützen. Daher wird sie doppelwandig aus gehobelter, gespundeter 20 mm dicker Schalung (außen mit Fase) mit 2 bis 3 cm Isolierung aus einem Hartschaum, z. B. Styropor, als Kälte- und Wärmeschutz gebaut. Glaswolle darf dafür nicht benutzt

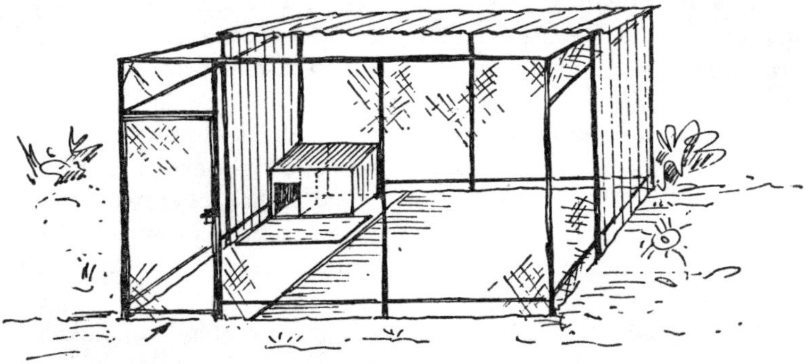

Abb. 42. Freistehender Hundezwinger, teilüberdacht, dreiseitig mit Welleternit geschlossen

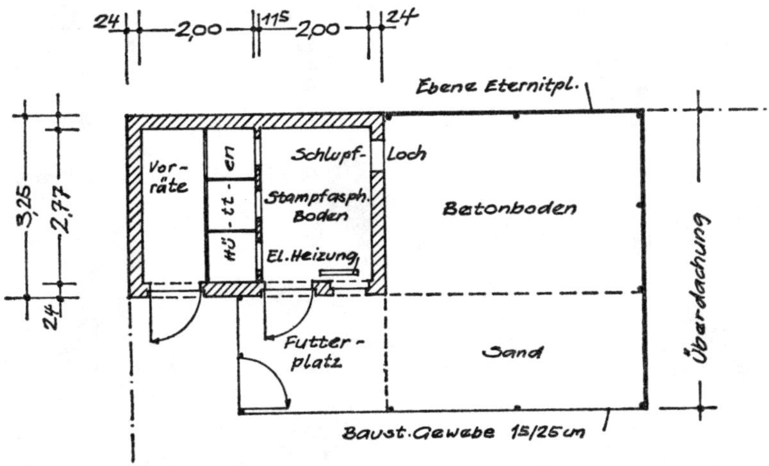

Abb. 43. Hundezwinger ganz überdacht, mit thermostatgesteuertem, verkleidetem, elektrischem Heizkörper im Hundehaus (siehe Tafel 8)

werden. Statt der inneren Verschalung kann man auch Hartfaserplatten oder Sperrholz verwenden. In dieser Bauweise werden auch Boden und Dach hergestellt. Der Boden soll mindestens 5 bis 10 cm über dem Erdreich bzw. der Betonplatte liegen, damit keine Erdfeuchtigkeit in die Hütte dringen kann. Die Eckleisten werden so lang bemessen, daß sie gleichzeitig die Füße bilden. Wird die Hütte ohne Füße gebaut und draußen aufgestellt, können 4 imprägnierte Pfähle in den Boden geschlagen und darüber je ein Stückchen Isolierpappe gegen Feuchtigkeitsübertragung gelegt werden. Darauf wird die Hütte gestellt und mit Nägeln gegen Verschieben gesichert. Man könnte die Hütte auch auf 4 Ziegelsteine stellen (nur wenn der Untergrund fest ist, sonst werden die Steine ausgebuddelt). Grundfläche und Höhe der Hütte müssen der Größe des Hundes entsprechen. Sie soll nicht größer sein, als daß der Hund aufrecht darin stehen, sich umdrehen und ausgestreckt liegen kann; denn er muß den Raum im Winter mit der eigenen Körperwärme heizen.

Nachfolgende Tabelle soll für die Größe der Hütte einen Anhalt geben; Maße in cm:

Ohne Windfang					Hunderasse (z. B.)	Mit Windfang						
Hütte			Einschlupf			Schlafraum			Windfang		Einschlupf	
L.	B.	H.	B.	H.		L.	B.	H.	L.	B.	B.	H.
58	36	40	20	25	Teckel u. a. Kleinhunde	56	45	40	28	45	20	25
58	36	55	22	35	Foxterrrier, Kl. Pudel	56	45	55	28	45	25	35
75	52	67	30	45	Spaniel, mittl. Schnauzer, Kl. Münsterländer	75	75	67	43	75	32	45
95	62	80	35	55	DK, DL, DD, Pointer, Setter	95	82	80	47	82	40	55

Die Schlafräume der im Freien stehenden isolierten Hundehütten mit Windfang werden größer gebaut als die der Hütten ohne Windfang, die geschützt unter einem Dach stehen. Der Hund soll sich in der freistehenden Hütte, besonders bei ungünstigem Wetter, auch etwas bewegen können. Die Hütte ist hier gleichzeitig Ersatz für das Schutzdach, unter dem sich sonst der Hund bewegen kann. Die Abteilung des Windfanges mit Verbindung zum Schlafraum zeigt Abb. 44a. Der

Windfang ist kein selbständiger Liegeraum, sondern nur halb so breit, er soll den Schlafraum lediglich vor Witterungseinflüssen schützen. Die Trennwand aus Sperrholz zwischen Schlafraum und Windfang kann lose zwischen Halteleisten eingefügt sein, so daß sie sich bei aufgeklapptem Dach nach oben herausziehen läßt und den Gesamtraum im Sommer dadurch vergrößert. Im überdachten Hundehaus kann der Windfang vor dem Schlafraum der Hütte entfallen. Bei starkem Frost wird vor dem Einschlupf ein Vorhang aus derbem Segeltuch befestigt, den der Hund mit dem Kopf beiseite drücken kann.

Die Hundehütte sollte ein abnehmbares oder aufklappbares flach geneigtes *Dach* mit Isolierung wie bei den Wänden erhalten (s. Abb. 44b). Falls die Hütte im Freien steht, muß es wasserundurchlässig sein. Es kann aus einer wasser- und kochfestverleimten Sperrholzplatte bestehen oder aus gespundeten, 20 mm dicken Brettern auf zwei Holzleisten, abgedeckt mit einer Lage besandeter Bitumendachpappe 500. Damit das Dach rundherum einen sauberen Abschluß hat, wird die Pappe um die Schalung geschlagen und mit Holzleisten an den Kanten befestigt. Das flache Dach läßt sich leichter herstellen und ist geeigneter als ein Satteldach, weil manche Hunde gern höher liegen und es als Liegeplatz und Ausguck benutzen. Durch das aufklappbare Dach, das mit Scharnieren an der Hüttenwand befestigt ist und im aufgeklappten Zustand mit einer Stützleiste gehalten werden kann, wird die Reinigung der Hütte sehr erleichtert.

Ist die Hütte in allen Teilen fertiggestellt, wird zum Abschluß das Holzwerk mit einem geruchlosen, ungiftigen Imprägnierungsmittel und schließlich außen mit lasierenden oder deckenden Anstrichen versehen. Es ist zu beachten, daß auf frischem Karbolineumanstrich keine Ölfarbe haftet. Die Füße sind ganz besonders gegen Fäulnis zu schützen. Die Hütte muß einige Tage auswittern, falls der Anstrich stark riecht.

Das beste *Lager* in der Hütte bildet ein dichter Jutesack, flach gefüllt mit trockenem Farnkraut, das im Herbst geerntet werden kann. Es wärmt und hält vor allen Dingen Ungeziefer ab. Steht kein Farnkraut zur Verfügung, kann eine Filzmatte oder ein mit Stroh ausgestopfter dichter Sack als Unterlage verwendet werden. Das früher bewährte Langstroh ist nur noch selten zu bekommen. Kurzstroh ist als offene Einstreu möglichst nicht, keinesfalls aber für Hunde mit lockerer Kopfhaut (z. B. Spaniels), wenn deren Augenlider nicht fest anlie-

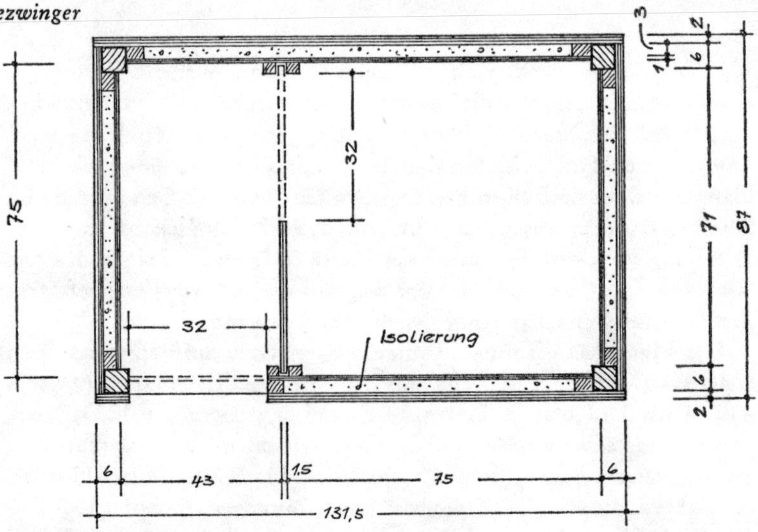

Abb. 44a. Horizontaler Schnitt durch eine mit Hartschaum gedämmte Hundehütte. Die Längenmaße sind aus der Tabelle Seite 58 zu entnehmen

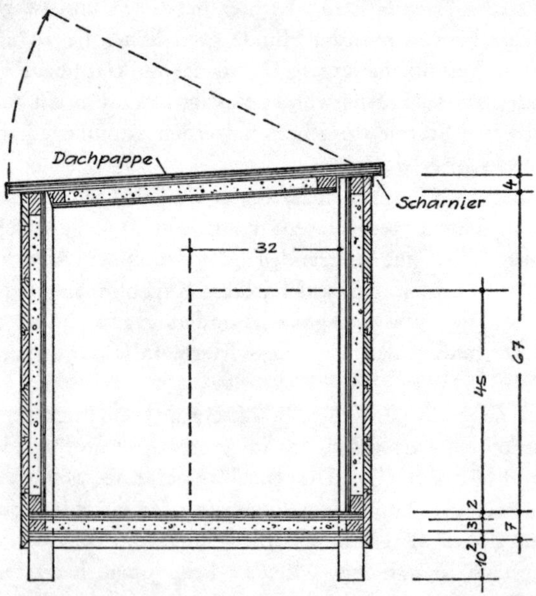

Abb. 44b. Querschnitt durch eine mit Hartschaum gedämmte Hundehütte. Die Höhenmaße sind aus der Tabelle Seite 58 zu entnehmen

gen, zu verwenden. Kleine Strohpartikelchen können langwierige Lidentzündungen auslösen und schweres En- und Ektropium vortäuschen. Insbesondere von Heu, Sägemehl und Torf, der mit chemischen Mitteln versetzt sein kann, ist sehr abzuraten. Reizwirkung auf Augen, Nase und Luftröhre haben auch Sand und Staub, die bei schnellen Bewegungen in der Hütte aufgewirbelt werden, falls sie nicht regelmäßig gesäubert wird. Ein- bis zweimal jährlich, bei Ungezieferbefall selbstverständlich sofort, sollte die Hütte mit einem geeigneten Desinfektionsmittel ausgewaschen werden.

Ist die Hütte zu leicht und ohne Isolierschicht gebaut, muß sie ggf. bei Frost mit Strohballen umpackt werden. Wenn sie nicht unter Dach steht, halte man Abstand vom Zwingerzaun, damit die Hunde sie nicht als „Sprungbrett" ins Freie benutzen.

Zur Züchtung und bei Haltung mehrerer Hunde kann in Verbindung mit dem Zwinger ein dreiseitig geschlossenes *Hundehaus* gebaut werden (s. Abb. 45), worin auch ein Vorratsraum Platz finden sollte. Es muß ausreichend Tageslicht erhalten. Die Fläche der Öffnungen für das Tageslicht muß mindestens ein Achtel der Bodenfläche des Raumes betragen. Das Haus muß ausreichend be- und entlüftet sein. Es wird in Boxen aufgeteilt, deren Trennwände von unten bis auf einen Meter Höhe geschlossen sind, damit die Hunde sich nicht sehen.

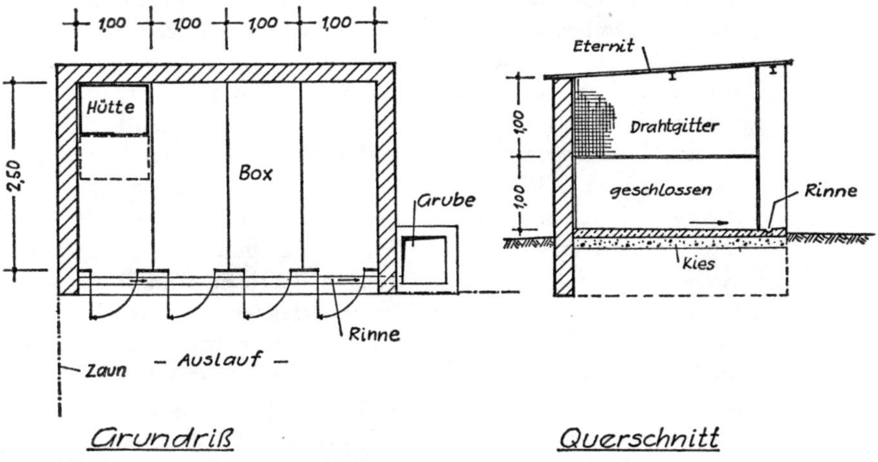

Abb. 45. Hundehaus mit Einzelboxen, massiv, mit Welleternit eingedeckt. Abflußrinne mündet in eine Grube (siehe Tafel 8)

Evtl. sollte man diese Unterteile herausnehmbar fertigen, denn wenn die Hunde sich vertragen, kann man ihnen oder auch einer Zuchthündin mit Welpen größeren Bewegungsraum bieten. Diese Wände werden in starkem Wellendrahtgitter bis unter das Dach geführt. Das Gewebe muß engmaschig sein, damit die Hunde nicht hineinbeißen und sich den Fang verletzen können. Auch die Wand zum Auslauf, in der sich für jede Box eine schmale Tür befindet, sollte aus diesem engmaschigen Drahtgitter bestehen. Das Hundehaus kann massiv mit einem Welleternitschutzdach oder in verschalter Holzkonstruktion mit Eternit- oder Pappedach erstellt werden. Der Fußboden wird aus Beton oder Asphalt-Stampfplatten hergestellt und erhält Gefälle zu einer Sammelrinne, die in eine kleine, abgedeckte Betongrube mündet. Die Grube wird von Zeit zu Zeit entleert. So wird das Erdreich des Freiauslaufes nicht verschmutzt. In jede Box wird eine Hütte ohne Windfang als Schlafraum für den Hund gestellt, mit einer Holzplatte als Liegeplatz davor. Ein massiver Anbau als Hundehaus, z. B. an der Rückwand der Garage, spart Geld, und die Hütte kann hier im winterfesten Raum aufgestellt werden.

Für die *Aufzucht von Welpen* ist ein trockener zugfreier Raum nötig. *Wurfhütten* oder Wurfkisten sind in der Grundfläche größer als der Schlafraum des Hundes zu bauen und müssen ein abnehmbares Dach haben, damit man den Wurf leicht kontrollieren kann. Es ist wünschenswert, den Lagerplatz der Mutter durch ein niedriges Brett abzuteilen, damit sie sich auch einmal von den Jungen absondern kann. Das Brett muß so hoch sein, daß wohl die Hündin, nicht aber die Welpen es übersteigen können. Zum Schutz der Welpen gegen Erdrücken durch die Hündin wird in der Hütte ringsum – bei größeren Hunderassen in ca. 10 cm, bei Teckeln etwa 6 cm Abstand vom Boden – eine 5 × 5 cm dicke Druckleiste mit abgerundeten Kanten angebracht.

Hütten für Dachshunde können einen Zu- und einen Ausgang in Form von abgewinkelten Röhren erhalten, die einen guten Windschutz darstellen und die Welpen schon früh ans Schliefen gewöhnen.

Hundehäuser, Hütten und Wurfkisten werden von einigen Firmen in verschiedenen Typen fertig oder zerlegt geliefert, auf besonderen Wunsch auch nach Maßangaben einzeln angefertigt. Neuerdings gibt es Hundeliegen aus Kunststoff (z. B. Hostalit Z), die leicht sauberzuhalten sind, als thermischer Isolator wirken und sich auch als Wurfkisten bewährt haben. Ebenso werden Hundezwinger-Freiausläufe im Baukastensystem zur Selbstmontage nach beliebigem Grundriß angeboten. Sie bestehen aus Winkeleisenrahmen mit stabilem Wellen-Drahtgitter und sind 1,25 m breit und 1,75 m hoch.

Ist der Auslauf nicht zu klein, denke man an etwas *Bepflanzung*. Das sieht einmal gut aus, außerdem sucht der Hund im Sommer gern Schatten unter dem Blätterdach. Zur Anpflanzung im Auslauf eignen sich vor allem Holunder, Haselnuß und Weißbuche, die einen Schnitt gut vertragen, ferner Vogelbeere, Birke, Weidenarten, Weißdorn und Rotbuche. Holunder, überall zu bekommen, im Ballen ausgegraben und zurückgeschnitten, wächst selbst dann schnell und bietet schon in einem Jahr Deckung, wenn Hauptwurzeln verletzt wurden. Diese genannten Arten sind gegen Hundeurin am unempfindlichsten. Bei stärkerer „Beanspruchung“ sollte man den Hund aber durch rund um Stamm oder Busch eingeschlagene kleine Pfähle etwas abhalten. Von Nadelbäumen ist einzig die Weißtanne geeignet (braucht Kalkboden oder Kalkung). Da die Wintersonne aber nicht abgehalten werden soll, ist von immergrünem Bewuchs abzuraten. Außen um Zwinger und Auslauf empfiehlt sich als Wind- und Sichtschutz eine hochwachsende Hecke aus Buchen, Spiräen oder Liguster. Interessant für den Hund (insbesondere Teckel und Terrier) ist ein kleiner „Berg“ im Auslauf, entstehend aus aufgehäufter Erde, Astwerk und Gras (wobei man als Gartenbesitzer den Rasenschnitt los wird). In Zwingernähe stehende Eichen machen sich oft als Zeckenquelle unangenehm bemerkbar.

Abschließend noch verschiedene kurze Hinweise: Der *Wasserbehälter* – sofern im Auslauf bei mehreren Hunden ein Eimer nötig ist – sollte aus nichtrostendem Metall sein und so befestigt werden, daß der Rand in Schulterhöhe des Hundes liegt, da Rüden sonst hineinnässen. Plastikeimer platzen beim ersten Frost, werden auch vom jungen Hund mit Vorliebe zerkaut, wobei verschluckte Teile gefährlich werden können. Für die kurzzeitige Aufbewahrung des fäulnisanfälligen *Hundefutters* wie z. B. Pansen kann man in Zwingernähe an schattiger Stelle ein Erdloch ausheben, das mit einer Steinplatte abgedeckt wird. Dort hinein stellt man einen Eimer, zu etwa $^{3}/_{4}$ gefüllt mit Fleisch, beschwert mit einem Stein, vollgegossen bis obenhin mit kaltem Wasser, das täglich erneuert wird. Leber, Lunge, Milz und Niere halten sich schlecht. Hat man einen notorischen *Buddler*, der an den Ecken des Auslaufs Tunnel unter den Zaun gräbt, helfen mehrere Spanndrähte, etwa 5 cm vom Boden übereck angebracht.